Jean-Paul II

Le travail humain

Lettre encyclique *Laborem exercens*
à l'occasion du 90e anniversaire
de l'encyclique *Rerum novarum*

(septembre 1981)

Présentation de Gérard Defois

Éditions du Centurion

Texte français de l'édition de
la *Typographie polyglotte vaticane*
ISBN 2.227.43029.X

17, rue de Babylone, 75007 Paris

Présentation

HUMANISER LE TRAVAIL

C'est à une réalité vieille comme le monde que le pape Jean-Paul II consacre son encyclique : le travail. Dès les premières pages de la Genèse, le Créateur l'attribue à l'homme comme une mission et un avenir : Soyez féconds, multipliez-vous, emplissez la terre et soumettez-la! *L'activité de l'homme dans le monde, c'est de continuer la création; transmettre la vie et transformer la nature vont de pair.*

Pourtant, on ne peut nier l'extraordinaire évolution des formes de travail, depuis l'origine du monde bien sûr, mais surtout depuis un siècle quand – il y a juste quatre-vingt-dix ans – le pape Léon XIII s'exprimait pour la première fois dans l'histoire de l'Église, sur la « question ouvrière ». Aujourd'hui, à l'ère des micro-processeurs et de l'informatique, de la prévoyance sociale et des droits syndicaux, des multinationales et de la crise générale de l'emploi, les données sont radicalement différentes, et les responsabilités de tous amplifiées. Le monde du travail est fait de crises et de tensions. Dans ce contexte, c'est à une éthique, c'est au sens moral en nous tous, que le Pape fait appel pour humaniser l'activité des hommes, ses conditions de fonctionnement et ses composantes les plus modernes.

« Le travail est fait pour l'homme
et non l'homme pour le travail »

Le travail humain se trouve aujourd'hui au croisement de deux routes. Celle de la technique : *industries développées, technologies avancées, électronique, informatique, télématique... ont distendu le rapport entre l'homme et la nature au point de faire de la machine l'acteur premier de la transformation des choses.* Celle de l'économie : *les prix de l'énergie et des matières premières, la prise de conscience des limites des ressources naturelles et des risques de la pollution, l'arrivée sur la scène mondiale de peuples naguère dépendants qui réclament leur place dans les décisions internationales. La répartition du travail dans le monde est devenue un problème spécifique, et le chômage l'emblème de l'échec du progrès dans sa prétention à assurer le bien-être généralisé.*

Pour les chrétiens, la qualité humaine du travail est la clé de toute la « question sociale ». Elle mérite que l'on s'y arrête pour juger nos évolutions récentes quant au sens actuel de l'activité des hommes et aux tâches inédites qui nous incombent.

Le Pape se demande si nous n'avons pas inversé l'échelle des valeurs en nos sociétés de croissance. La technique – le travail au sens objectif – fournit au travailleur des instruments qui devraient décupler sa puissance d'action, faciliter, accélérer et perfectionner le travail, elle est une alliée de l'homme, mais elle peut aussi se retourner en adversaire lorsque la mécanisation le supplante, lui enlève toute satisfaction dans ce qu'il fait, le prive de sa créativité et de sa responsabilité, engendre le chômage ou asservit le travailleur à n'être qu'un exécutant de ses œuvres. Il y a une sorte de perversion radicale de la dignité du travail quand l'homme et ses tâches sont traités par le matérialisme et l'économisme, comme une marchandise, une force au travail, un « instrument de production ». Le renversement des valeurs est évident; dans le capitalisme, il reçoit sa théorie. Le travailleur est traité de la même façon que l'ensemble des moyens matériels de production et n'est pas reconnu comme but de tout le processus économique : en un mot, il est exploité à des fins d'intérêt matériel.

L'homme sujet du travail – le travail au sens subjectif selon Jean-Paul II – cela veut dire que la personne humaine doit rester première. Il s'agit bien d'un problème éthique. Dans son œuvre, un être se révèle à lui-même, par sa maîtrise sur les choses et sa capacité de décision; il nourrit sa famille et participe à l'enrichissement du patrimoine historique et social de son pays. Il connaît la solidarité avec tous les travailleurs de la famille humaine. Le travail humain nous rend solidaires. L'appel biblique à dominer la terre, si lointaine qu'en soit la voix, est une invite permanente pour tous les temps et tous les hommes, il engage des choix et des priorités, ce sont autant de conditions indispensables pour que la dignité humaine soit respectée. Ennoblir la matière ne devrait jamais être dégradant pour le travailleur. Tout ceci nous impose moralement de soumettre l'activité économique à un « ordre social du travail » car, quel que soit le niveau de complexité de l'industrie, de la recherche ou des services, « le travail est fait pour l'homme et non l'homme pour le travail ».

« Le capital est fait pour le travail
et non le travail pour le capital »

Moraliser et humaniser le travail aujourd'hui c'est entrer dans un conflit historique : celui qui l'oppose au capital. La foi au Créateur fonde un ordre social et culturel, un droit national et international qui va à l'encontre des « dogmes » libéraux abandonnant à la nature des échanges financiers le soin de régler les relations entre les hommes. Ce « libéralisme » accroît l'enrichissement d'un groupe restreint de détenteurs des moyens de production et un appauvrissement, à la fois financier et culturel, des travailleurs. Que cet écart injuste entre le profit des uns et le salaire des autres, la sécurité des uns et la vulnérabilité des autres, crée un conflit socio-économique, est inévitable. C'est la toile de fond de notre siècle; de plus, cette tension couvre désormais le monde entier par les disparités entre le Nord et le Sud de notre terre.

Ici, le Pape entend ne pas se laisser enfermer dans les querelles idéologiques entre le libéralisme et le marxisme : les deux révèlent le même malentendu et, selon les nécessités de la production ou de la politique, la même réduction de l'homme et de sa dignité. Fonder une organisation sociale, dans l'entreprise comme à l'échelle du monde, sur une éthique de l'homme conduit à réévaluer nos systèmes d'échanges, de production et de capitalisation.

Car on ne peut séparer le capital du travailleur. Le capital n'est pas un sujet, une puissance qui aurait libre cours indépendamment de ce qu'il produit, voire qui commanderait, au nom de ses intérêts anonymes, la destinée des hommes. Les travailleurs doivent être prioritaires dans la gestion d'une entreprise, sinon cet économisme nourrit l'injustice et légitime des exploitations multiformes qui les asservissent. Et ceci est lourd de deux conséquences concrètes :

1. D'abord en ce qui concerne la propriété privée des moyens de production. La propriété privée, dans la doctrine la plus traditionnelle de l'Église, n'est jamais un absolu ni un droit intangible. Toute possession est subordonnée à l'usage commun et à la destination universelle des biens. *La propriété des moyens de production n'a de sens que si elle est soumise au travail et sauvegarde la perspective de l'usage commun. A ce titre, elle serait davantage la source de devoirs que de droits. Ici, la position du capitalisme rigide, dans la vie économique, est jugée inacceptable.*

2. Ensuite en ce qui a trait à la propriété collective des moyens de production. Le Pape n'emploie pas le mot de « nationalisation », mais de « socialisation ». Il l'estime légitime pour certains moyens de production, d'autant que le capital se crée sans cesse par l'action des travailleurs. La seule « étatisation » des moyens de production ne garantit nullement la justice et la qualité humaine du travail, certains groupes pouvant exploiter les travailleurs au nom d'un capitalisme d'État qui les prive de leur initiative et de leur dignité dans les filets d'un économisme bureaucratique.

Le capital est fait pour l'homme. Cela veut dire que le travailleur doit avoir la possibilité de maîtriser ce capital au nom d'une conception personnelle et humaine de son activité, grâce à des structures de co-responsabilité qui lui donnent la conscience de

« travailler à son compte ». L'actualité de ces questions pour la France n'échappera à personne, nous sommes au cœur des débats économiques et sociaux de notre pays; mais le Pape les élargit à leur dimension mondiale, à la logique de nos dépendances réciproques entre partenaires économiques.

Des solidarités historiques

Jean-Paul II estime que « la réaction contre le système d'injustice et de préjudices qui criait vengeance vers le ciel » à l'aube du capitalisme se justifiait du point de vue de la morale sociale. Le mouvement ouvrier est sorti de cette protestation comme prise de conscience des droits des travailleurs. Cette solidarité a produit des changements profonds dans la répartition et les conditions du travail. Et il affirme que les droits objectifs des travailleurs sont le critère adéquat et fondamental de la formation de toute l'économie. Il parle longuement à ce sujet des conditionnements du travail humain d'aujourd'hui, de la politique nationale et internationale en matière de travail, des multinationales et des conventions collectives.

Plus précisément encore, il affirme le droit syndical comme droit de l'homme, droit d'association, élan de solidarité dans l'action et la lutte commune contre la dégradation du travail et l'exploitation du travailleur. Il souhaite la participation à la gestion et au contrôle de la productivité dans les entreprises. Le but de son action, dans un contexte économique qui demande parfois du réalisme, est de donner au travailleur une qualité de vie, un « être plus » qui s'appelle la dignité humaine.

Tout ce mouvement d'expression syndicale, ouvrière et agricole, est l'une des composantes nécessaires d'un « ordre social » où le travail, comme expression de la personne, retrouve sa place première dans les systèmes économiques : qu'elle soit handicapée, immigrée ou tout simplement prolétaire...

Une spiritualité du travail

Le Christ de notre foi fut un travailleur. Un travailleur manuel. Cette activité qu'une certaine Antiquité réservait aux esclaves fut la manière choisie par Dieu pour dire aux hommes sa proximité. Une « Église des pauvres » dans la peine des hommes et l'espoir d'un monde nouveau, dans un travail pénible comme dans la joie de la création, partage le dynamisme de la mort et de la Résurrection de Celui qui agit dans le cœur des hommes – et le progrès du monde – par la puissance de son Esprit.

Gérard Defois
secrétaire général de la Conférence
épiscopale française.

LETTRE ENCYCLIQUE

LABOREM EXERCENS

DU SOUVERAIN PONTIFE

JEAN-PAUL II

ADRESSÉE
A SES FRÈRES DANS L'ÉPISCOPAT
AUX PRÊTRES
AUX FAMILLES RELIGIEUSES
A SES FILS ET FILLES DANS L'ÉGLISE
ET A TOUS LES HOMMES
DE BONNE VOLONTÉ
SUR LE TRAVAIL HUMAIN
A L'OCCASION DU 90e ANNIVERSAIRE
DE L'ENCYCLIQUE *RERUM NOVARUM*

VÉNÉRABLES FRÈRES, CHERS FILS ET FILLES
SALUT ET BÉNÉDICTION APOSTOLIQUE

C'EST PAR LE TRAVAIL que l'homme doit se procurer le pain quotidien [1] et contribuer au progrès continuel des sciences et de la technique, et surtout à l'élévation constante, culturelle et morale, de la société dans laquelle il vit en communauté avec ses frères. Le mot « travail » désigne tout travail accompli par l'homme, quelles que soient les caractéristiques et les circonstances de ce travail, autrement dit toute activité humaine qui peut et qui doit être reconnue comme travail parmi la richesse des activités dont l'homme est capable et auxquelles il est prédisposé par sa nature même, en vertu de son caractère humain. Fait à l'image, à la ressemblance de Dieu lui-même [2] dans l'univers visible et établi dans celui-ci pour dominer la terre [3], l'homme est donc dès le commencement *appelé au travail. Le travail est l'une des caractéristiques qui distinguent l'homme* du reste des créatures dont l'activité, liée à la subsistance, ne peut être appelée travail; seul l'homme est capable de travail, seul l'homme l'accomplit et par le fait même remplit de son travail son existence

1. Cf. *Ps* 127 (128), 2; cf. aussi *Gn* 3, 17-19; *Pr* 10, 22; *Ex* 1, 8-14; *Jr* 22, 13.
2. Cf. *Gn* 1, 26.
3. Cf. *Gn* 1, 28.

sur la terre. Ainsi, le travail porte la marque particulière de l'homme et de l'humanité, la marque d'une personne qui agit dans une communauté de personnes; et cette marque détermine sa qualification intérieure, elle constitue en un certain sens sa nature même.

I

INTRODUCTION

1. Le travail humain quatre-vingt-dix ans après « Rerum novarum »

A la date du 15 mai de cette année, *quatre-vingt-dix ans* se sont écoulés depuis la publication – par le grand Pontife de la « question sociale », Léon XIII – de l'encyclique d'importance décisive qui commence par les mots « Rerum novarum ». C'est pourquoi je désire consacrer le présent document au *travail humain*, et je désire encore plus le consacrer à *l'homme* dans le vaste contexte de la réalité qu'est le travail. Si, en effet, comme je l'ai dit dans l'encyclique *Redemptor hominis* publiée au début de mon service sur le siège romain de saint Pierre, l'homme « est la première route et la route fondamentale de l'Église [4] », et cela en vertu du mystère insondable de la Rédemption dans le Christ, il faut alors revenir sans cesse sur cette route et la suivre toujours de nouveau selon les divers aspects sous lesquels elle nous révèle toute la richesse et en même temps toute la difficulté de l'existence humaine sur la terre.

Le travail est l'un de ces aspects, un aspect permanent et fondamental, toujours actuel et exigeant

4. Encyclique *Redemptor hominis,* 14 : *AAS* 71 (1979), p. 284.

constamment une attention renouvelée et un témoignage décidé. De nouvelles *interrogations*, de nouveaux *problèmes* se posent sans cesse, et ils font naître toujours de nouvelles espérances, mais aussi des craintes et des menaces liées à cette dimension fondamentale de l'existence humaine, par laquelle la vie de l'homme est construite chaque jour, où elle puise sa propre dignité spécifique, mais dans laquelle est en même temps contenue la constante mesure de la peine humaine, de la souffrance et aussi du préjudice et de l'injustice qui pénètrent profondément la vie sociale de chacune des nations et des nations entre elles. S'il est vrai que l'homme se nourrit du pain gagné par le travail de ses mains [5], c'est-à-dire non seulement du pain quotidien qui maintient son corps en vie, mais aussi du pain de la science et du progrès, de la civilisation et de la culture, c'est également une vérité permanente qu'il se nourrit de ce pain en le gagnant *à la sueur de son front* [6], autrement dit par son effort et sa peine personnels, et aussi au milieu de multiples tensions, conflits et crises qui, en rapport avec la réalité du travail, bouleversent la vie de chaque société et même de toute l'humanité.

Nous célébrons le quatre-vingt-dixième anniversaire de l'encyclique *Rerum novarum* à la veille de nouveaux développements dans les conditions technologiques, économiques et politiques qui, selon nombre d'experts, n'auront pas moins d'influence sur le monde du travail et de la production que n'en eut la révolution industrielle du siècle dernier. Les facteurs de portée générale sont multiples : l'intro-

5. Cf. *Ps* 127 (128), 2.
6. *Gn* 3, 19.

duction généralisée de l'automation dans de nombreux secteurs de la production, l'augmentation du prix de l'énergie et des matières de base, la prise de conscience toujours plus vive du caractère limité du patrimoine naturel et de son insupportable pollution, l'apparition sur la scène politique des peuples qui, après des siècles de sujétion, réclament leur place légitime parmi les nations et dans les décisions internationales. Ces nouvelles conditions et exigences requerront une réorganisation et un réaménagement des structures de l'économie d'aujourd'hui comme aussi de la distribution du travail. Malheureusement de tels changements pourront éventuellement signifier aussi, pour des millions de travailleurs qualifiés, le chômage, au moins temporaire, ou la nécessité d'un nouvel apprentissage; ils comporteront selon toute probabilité une diminution ou une croissance moins rapide du bien-être matériel pour les pays les plus développés; mais ils pourront également apporter soulagement et espoir aux millions de personnes qui vivent actuellement dans des conditions de misère honteuse et indigne.

Il n'appartient pas à l'Église d'analyser scientifiquement les conséquences possibles de tels changements sur la vie de la société humaine. Mais l'Église estime de son devoir de rappeler toujours la dignité et les droits des travailleurs, de stigmatiser les conditions dans lesquelles ils sont violés, et de contribuer pour sa part à orienter ces changements vers un authentique progrès de l'homme et de la société.

2. Dans le développement organique de l'action et de l'enseignement social de l'Église

Il est certain que le travail, comme problème de l'homme, se trouve au centre même de la « question sociale » vers laquelle, pendant les presque cent années qui se sont écoulées depuis l'encyclique mentionnée ci-dessus, se sont orientés d'une manière spéciale l'enseignement de l'Église et les multiples initiatives liées à sa mission apostolique. Si je désire concentrer sur le travail les présentes réflexions, je veux le faire non pas d'une manière originale mais plutôt en lien organique avec toute la tradition de cet enseignement et de ces initiatives. En même temps, je le fais selon l'orientation de l'Évangile, afin de tirer *du patrimoine de l'Évangile du vieux et du neuf*[7]. Le travail, c'est certain, est quelque chose de « vieux », d'aussi vieux que l'homme et que sa vie sur terre. Toutefois, la situation générale de l'homme dans le monde d'aujourd'hui, telle qu'elle est diagnostiquée et analysée sous ses divers aspects – géographie, culture, civilisation – exige que l'on découvre les *nouvelles significations du travail* humain et que l'on formule aussi les *nouvelles tâches* qui, dans ce secteur, se présentent à tout homme, à la famille, aux nations particulières, à tout le genre humain, et enfin à l'Église elle-même.

Durant les années écoulées depuis la publication de l'encyclique *Rerum novarum*, la question sociale n'a pas cessé d'occuper l'attention de l'Église. Nous

7. Cf. *Mt* 13, 52.

en avons le témoignage dans les nombreux documents du Magistère, qu'ils émanent des Souverains Pontifes ou du Concile Vatican II; nous en avons le témoignage dans les documents des divers Épiscopats; nous en avons le témoignage dans l'activité des différents centres de pensée et d'initiatives apostoliques concrètes, tant au niveau international qu'au niveau des Églises locales. Il est difficile d'énumérer ici en détail toutes les manifestations de l'engagement vital de l'Église et des chrétiens dans la question sociale car elles sont fort nombreuses. Comme résultat du Concile, la *Commission pontificale « Iustitia et Pax »* est devenue le principal centre de coordination dans ce domaine, avec ses Organismes correspondants dans le cadre des Conférences épiscopales. Le nom de cette institution est très expressif : il signifie que la question sociale doit être traitée dans sa dimension intégrale, dans son ensemble. L'engagement en faveur de la justice doit être intimement lié à l'engagement pour la paix dans le monde contemporain. C'est bien en faveur de ce double engagement qu'a plaidé la douloureuse expérience des deux grandes guerres mondiales qui, durant les quatre-vingt-dix dernières années, ont bouleversé nombre de pays tant du continent européen que, du moins partiellement, des autres continents. C'est en sa faveur aussi que plaident, spécialement depuis la fin de la seconde guerre mondiale, la menace permanente d'une guerre nucléaire et la perspective de la terrible auto-destruction qui en résulte.

Si nous suivons la *ligne principale de développement des documents* du Magistère suprême de l'Église, nous trouvons précisément dans ces derniers la confirmation explicite d'une telle manière de poser le problème. La position clé, en ce qui concerne la question de la paix dans le monde, est celle de l'encyclique *Pacem in terris* de Jean XXIII. Si l'on considère par ailleurs l'évolution de la question de la justice sociale, on doit noter que, si dans la période qui va de *Rerum novarum* à *Quadragesimo anno* de Pie XI, l'enseignement de l'Église se concentre surtout sur la juste solution de ce qu'on appelle la question ouvrière, dans le cadre des nations particulières, au cours de la phase suivante, cet enseignement élargit l'horizon aux dimensions du monde. La distribution inégale des richesses et de la misère, l'existence de pays et de continents développés et d'autres qui ne le sont pas, exigent une péréquation et aussi la recherche des chemins menant à un juste développement pour tous. C'est dans cette direction que va l'enseignement contenu dans l'encyclique *Mater et magistra* de Jean XXIII, dans la constitution pastorale *Gaudium et spes* du Concile Vatican II et dans l'encyclique *Populorum progressio* de Paul VI.

Cette orientation dans laquelle se développent l'enseignement et l'engagement de l'Église dans la question sociale correspond exactement à l'observation objective des situations de fait. Si, autrefois, on mettait surtout en évidence, au centre de cette question, *le problème de la « classe »*, à une époque plus récente on met au premier plan le problème du « monde ». On considère donc non seulement le cadre de la classe mais, à l'échelon mondial, celui des inégalités et des injustices, et, par voie de conséquence, non seulement la dimension de classe mais la dimension mondiale des tâches à accomplir pour avancer vers la réalisation de la justice dans le monde contemporain. L'analyse complète de la situation du monde d'aujourd'hui a mis en évidence de manière encore plus profonde et plus pleine la signification de l'analyse antérieure des injustices sociales, signification qui doit être aujourd'hui donnée aux efforts tendant à établir la justice sur la terre, sans pour autant cacher les structures injustes mais en sollicitant au contraire leur examen et leur transformation à une échelle plus universelle.

3. Le problème du travail, clé de la question sociale

Au milieu de tous ces processus – qu'il s'agisse du diagnostic de la réalité sociale objective ou même de l'enseignement de l'Église dans le domaine de la question sociale complexe et à multiple face –, *le problème du travail humain* apparaît naturellement fort souvent. Il est d'une certaine façon une *composante fixe* de l'enseignement de l'Église comme il l'est de la vie sociale. Dans cet enseignement, du reste, l'attention portée à un tel problème remonte bien au-delà des quatre-vingt-dix dernières années. La doctrine sociale de l'Église, en effet, trouve sa source dans l'Écriture Sainte, à commencer par le livre de la *Genèse*, et particulièrement dans l'Évangile et dans les écrits apostoliques. Elle faisait partie, dès le début, de l'enseignement de l'Église elle-même, de sa conception de l'homme et de la vie sociale, et spécialement de la morale sociale élaborée selon les nécessités des diverses époques. Ce patrimoine traditionnel a été ensuite reçu en héritage et développé par l'enseignement des Souverains Pontifes sur la moderne « question sociale », à partir de l'encyclique *Rerum novarum.* Dans le contexte de cette question, les approfondissements du problème du travail ont connu une mise à jour continuelle, en conservant toujours la base chrétienne de vérité que nous pouvons qualifier de permanente.

Si, dans le présent document, nous revenons de nouveau sur ce problème, – sans d'ailleurs avoir l'intention de toucher tous les thèmes qui le concernent –, ce n'est pas tellement pour recueillir et répéter ce qui est déjà contenu dans l'enseignement de l'Église, mais plutôt pour mettre en évidence – peut-être plus qu'on ne l'a jamais effectué – le fait que le travail humain *est une clé*, et probablement la clé essentielle, de toute la question sociale, si nous essayons de la voir vraiment du point de vue du bien de l'homme. Et si la solution – ou plutôt la solution progressive – de la question sociale, qui continue sans cesse à se présenter et qui se fait toujours plus complexe, doit être cherchée dans un effort pour « rendre la vie humaine plus humaine »[8], alors précisément la clé qu'est le travail humain acquiert une importance fondamentale et décisive.

8. Conc. Œcum. Vat. II, const. past. sur l'Église dans le monde de ce temps *Gaudium et spes*, 38: *AAS* 58 (1966), p. 1055.

II

LE TRAVAIL ET L'HOMME

4. Au livre de la *Genèse*

L'Église est convaincue que le travail constitue une dimension fondamentale de l'existence de l'homme sur la terre. Elle est confirmée dans cette conviction par la prise en compte de l'ensemble du patrimoine des multiples sciences consacrées à l'homme : l'anthropologie, la paléontologie, l'histoire, la sociologie, la psychologie, etc.; toutes semblent témoigner de cette réalité de façon irréfutable. Toutefois, l'Église tire cette conviction avant tout de la source qu'est la parole de Dieu révélée, et c'est pourquoi ce qui est *une conviction de l'intelligence* acquiert aussi le caractère d'une *conviction de foi.* La raison en est que l'Église – il vaut la peine de le noter dès maintenant – croit en l'homme : *elle pense à l'homme* et s'adresse à lui, *non seulement* à la lumière de l'expérience historique ou avec l'aide des multiples méthodes de la connaissance scientifique, mais encore et surtout à la lumière de la parole révélée du Dieu vivant. Se référant à l'homme, elle cherche *à exprimer* les *desseins* éternels et les *destins* transcendants que le Dieu vivant, Créateur et Rédempteur, a liés à l'homme.

L'Église trouve *dès les premières pages du livre*

de la Genèse la source de sa conviction que le travail constitue une dimension fondamentale de l'existence humaine sur la terre. L'analyse de ces textes nous rend conscients de ce que en eux – parfois sous un mode archaïque de manifester la pensée – ont été exprimées les vérités fondamentales sur l'homme, et cela déjà dans le contexte du mystère de la création. Ces vérités sont celles qui décident de l'homme depuis le commencement et qui, en même temps, tracent les grandes lignes de son existence terrestre, aussi bien dans l'état de justice originelle qu'après la rupture, déterminée par le péché, de l'alliance originelle du Créateur avec la création dans l'homme. Lorsque celui-ci, fait « à l'image de Dieu..., homme et femme »[9], entend ces mots : « Soyez féconds, *multipliez-vous, emplissez la terre et soumettez-la*[10] », même si ces paroles ne se réfèrent pas directement et explicitement au travail, elles y font sans aucun doute allusion indirectement, comme une activité à exercer dans le monde. Bien plus, elles en démontrent l'essence, la plus profonde. L'homme est l'image de Dieu notamment par le mandat qu'il a reçu de son Créateur de soumettre, de dominer la terre. En accomplissant ce mandat, l'homme, tout être humain, reflète l'action même du Créateur de l'univers.

Le travail, entendu comme une activité « transitive » – c'est-à-dire que, prenant sa source dans le sujet humain, il est tourné vers un objet externe –, suppose une domination spécifique de l'homme sur la « terre », et à son tour il confirme et développe cette domination. Il est clair que sous le nom de

9. Cf. *Gn* 1, 27.
10. *Gn* 1, 28.

« terre » dont parle le texte biblique, il faut entendre avant tout la portion de l'univers visible dans laquelle l'homme habite; mais par extension on peut l'entendre de tout le monde visible en tant que se trouvant à la portée de l'influence de l'homme, notamment lorsque ce dernier cherche à répondre à ses propres besoins. L'expression « dominez la terre » a une portée immense. Elle indique toutes les ressources que la terre (et indirectement le monde visible) cache en soi et qui, par l'activité consciente de l'homme, peuvent être découvertes et utilisées à sa convenance. Ainsi ces mots, placés au début de la Bible, *ne cessent jamais d'être actuels.* Ils s'appliquent aussi bien à toutes les époques passées de la civilisation et de l'économie qu'à toute la réalité contemporaine et aux phases futures du développement qui se dessinent déjà peut-être dans une certaine mesure, mais qui pour une grande part restent encore pour l'homme quasiment inconnues et cachées.

Si parfois on parle de périodes « d'accélération » dans la vie économique et dans la civilisation de l'humanité ou des diverses nations, en rapprochant ces « accélérations » des progrès de la science et de la technique et spécialement des découvertes décisives pour la vie socio-économique, on peut dire en même temps qu'aucune de ces « accélérations » ne dépasse le contenu essentiel de ce qui a été dit dans ce très antique texte biblique. En devenant toujours plus maître de la terre grâce à son travail et en affermissant, par le travail également, sa domination sur le monde visible, l'homme reste, dans chaque cas et à chaque phase de ce processus, dans la ligne du plan originel du Créateur; et ce plan est nécessairement et indissolublement lié au fait que l'être humain a été créé, en qualité d'homme et de femme, « à l'image de Dieu ». Ce *processus* est également *universel :* il concerne tous les hommes, chaque génération, chaque phase du développement économique et culturel, et *en même temps* c'est un processus qui se réalise en *chaque homme*, en chaque être humain conscient. Tous et chacun sont en même temps concernés par lui. Tous et chacun, dans une mesure appropriée et avec un nombre incalculable de modalités, prennent part à ce gigantesque processus par lequel l'homme « soumet la terre » au moyen de son travail.

5. Le travail au sens objectif : La technique

Ce caractère universel et multiple du processus par lequel l'homme « soumet la terre » éclaire bien le travail de l'homme, puisque la domination de l'homme sur la terre se réalise dans le travail et par le travail. Ainsi apparaît la signification du *travail au sens objectif*, qui trouve son expression selon les diverses époques de la culture et de la civilisation. L'homme domine la terre déjà par le fait qu'il domestique les animaux, les élevant et tirant d'eux sa nourriture et les vêtements nécessaires, et par le fait qu'il peut extraire de la terre et de la mer diverses ressources naturelles. Mais l'homme domine bien plus la terre lorsqu'il commence à la cultiver, puis lorsqu'il transforme ses produits pour les adapter à ses besoins. L'agriculture constitue ainsi un secteur primaire de l'activité économique; elle est, grâce au travail de l'homme, un facteur indispensable de la production. L'industrie à son tour consistera toujours à combiner les richesses de la terre – ressources brutes de la nature, produits de l'agriculture, ressources minières ou chimiques – et le travail de l'homme, son travail physique comme son travail intellectuel. Cela vaut aussi en un certain sens dans le secteur de ce que l'on appelle l'industrie de service, et dans celui de la recherche, pure ou appliquée.

Aujourd'hui, dans l'industrie et dans l'agriculture, l'activité de l'homme a cessé dans de nombreux cas d'être un travail surtout manuel parce que la fatigue des mains et des muscles est soulagée par l'emploi de *machines et de mécanismes toujours plus perfectionnés.* Dans l'industrie mais aussi dans l'agriculture, nous sommes témoins des transformations rendues possibles par le développement graduel et continuel de la science et de la technique. Et cela, dans son ensemble, est devenu historiquement une cause de tournants importants dans la civilisation, depuis le début de « l'ère industrielle » jusqu'aux phases suivantes de développement grâce à de nouvelles techniques comme l'électronique ou, ces dernières années, les microprocesseurs.

Il peut sembler que dans le processus industriel c'est la machine qui « travaille » tandis que l'homme se contente de la surveiller, rendant possible son fonctionnement et le soutenant de diverses façons; mais il est vrai aussi que, précisément à cause de cela, le développement industriel établit un point de départ pour reposer d'une manière nouvelle le problème du travail humain. La première industrialisation qui a créé la question dite ouvrière comme les changements industriels et post-industriels intervenus par la suite démontrent clairement que, même à l'époque du « travail » toujours plus mécanisé, *le sujet propre du travail reste l'homme.*

Le développement de l'industrie et des divers secteurs connexes, jusqu'aux technologies les plus modernes de l'électronique, spécialement dans le domaine de la miniaturisation, de l'informatique, de la télématique, etc., montre le rôle immense qu'assume justement, dans l'interaction du sujet et de l'objet du travail (au sens le plus large du mot), cette alliée du travail, engendrée par la pensée de l'homme, qu'est la technique. Entendue dans ce cas, non comme une capacité ou une aptitude au travail, mais comme *un ensemble d'instruments* dont l'homme se sert dans son travail, la technique est indubitablement une alliée de l'homme. Elle lui facilite le travail, le perfectionne, l'accélère et le multiplie. Elle favorise l'augmentation de la quantité des produits du travail, et elle perfectionne également la qualité de beaucoup d'entre eux. C'est un fait, par ailleurs, qu'en certains cas, cette alliée qu'est la technique peut aussi se transformer en quasi-adversaire de l'homme, par exemple lorsque la mécanisation du travail « supplante » l'homme en lui ôtant toute satisfaction personnelle, et toute incitation à la créativité et à la responsabilité, lorsqu'elle supprime l'emploi de nombreux travailleurs ou lorsque, par l'exaltation de la machine, elle réduit l'homme à en être l'esclave.

Si l'expression biblique « soumettez la terre », adressée à l'homme dès le commencement, est comprise dans le contexte de toute notre époque moderne, industrielle et post-industrielle, elle contient indubitablement aussi *un rapport avec la technique*, avec le monde de la mécanisation et de la machine, rapport qui est le fruit du travail de l'intelligence humaine et qui confirme historiquement la domination de l'homme sur la nature.

L'époque récente de l'histoire de l'humanité, et spécialement de certaines sociétés, porte en soi une juste affirmation de la technique comme élément fondamental de progrès économique; mais, en même temps, de cette affirmation ont surgi et surgissent encore continuellement les questions essentielles concernant le travail humain dans ses rapports avec son sujet qui est justement l'homme. Ces questions contiennent un ensemble particulier *d'éléments et de tensions de caractère éthique et même éthico-social.* Et c'est pourquoi elles constituent un défi continuel pour de multiples institutions, pour les États et les gouvernements, pour les systèmes et les organisations internationales; elles constituent également un défi pour l'Église.

6. Le travail au sens subjectif : L'homme, sujet du travail

Pour continuer notre analyse du travail liée à la parole de la Bible selon laquelle l'homme doit soumettre la terre, il nous faut maintenant concentrer notre attention *sur le travail au sens subjectif*, beaucoup plus que nous ne l'avons fait en nous référant au sens objectif du travail : nous avons tout juste effleuré ce vaste problème qui est parfaitement connu, et dans tous ses détails, des spécialistes des divers secteurs et aussi des hommes mêmes du monde du travail, chacun dans son domaine. Si les paroles du livre de la *Genèse* auxquelles nous nous référons dans cette analyse parlent de façon indirecte du travail au sens objectif, c'est de la même façon qu'elles parlent aussi du sujet du travail; mais ce qu'elles disent est fort éloquent et rempli d'une grande signification.

L'homme doit soumettre la terre, il doit la dominer, parce que comme « image de Dieu » il est une personne, c'est-à-dire un sujet, un sujet capable d'agir d'une manière programmée et rationnelle, capable de décider de lui-même et tendant à se réaliser lui-même. C'est *en tant que personne que l'homme est sujet du travail.* C'est en tant que personne qu'il travaille, qu'il accomplit diverses actions appartenant au processus du travail; et ces actions, indépendamment de leur contenu objectif, doivent toutes servir à la réalisation de son humanité, à l'accomplissement de la vocation qui lui est propre en raison de son humanité même : celle d'être une personne. Les principales vérités sur ce thème ont été rappelées dernièrement par le Concile Vatican II dans la constitution *Gaudium et spes*, en particulier par le chapitre I consacré à la vocation de l'homme.

Ainsi la « domination » dont parle le texte biblique que nous méditons ici ne se réfère pas seulement à la dimension objective du travail : elle nous introduit en même temps à la compréhension de sa dimension subjective. Le travail entendu comme processus par lequel l'homme et le genre humain soumettent la terre ne correspond à ce concept fondamental de la Bible que lorsque, dans tout ce processus, l'homme se manifeste en même temps et se confirme *comme celui qui « domine ».* Cette domination, en un certain sens, se réfère à la dimension subjective plus encore qu'à la dimension objective : cette dimension conditionne *la nature éthique du travail.* Il n'y a en effet aucun doute que le travail humain a une valeur éthique qui, sans moyen terme, reste directement liée au fait que celui qui l'exécute est une personne, un sujet conscient et libre, c'est-à-dire un sujet qui décide de lui-même.

Cette vérité, qui constitue en un certain sens le noyau central et permanent de la doctrine chrétienne sur le travail humain, a eu et continue d'avoir une signification fondamentale pour la formulation des importants problèmes sociaux au cours d'époques entières.

L'âge antique a introduit parmi les hommes une différenciation typique par groupes selon le genre de travail qu'ils faisaient. Le travail qui exigeait du travailleur l'emploi des forces physiques, le travail des muscles et des mains, était considéré comme indigne des hommes libres, et on y destinait donc les esclaves. Le christianisme, élargissant certains aspects déjà propres à l'Ancien Testament, a accompli ici une transformation fondamentale des concepts, en partant de l'ensemble du message évangélique et surtout du fait que Celui *qui, étant Dieu,* est devenu en tout semblable à nous [11], a consacré la plus grande partie de sa vie sur terre *au travail manuel,* à son établi de charpentier. Cette circonstance constitue par elle-même le plus éloquent « évangile du travail ». Il en résulte que le fondement permettant de déterminer la valeur du travail humain n'est pas avant tout le genre de travail que l'on accomplit mais le fait que celui qui l'exécute est une personne. Les sources de la dignité du travail doivent être cherchées surtout, non pas dans sa dimension objective mais dans sa dimension subjective.

Avec une telle conception disparaît pratiquement le fondement même de l'ancienne distinction des hommes en groupes déterminés par le genre de travail qu'ils exécutent. Cela ne veut pas dire que le travail humain ne puisse et ne doive en aucune façon

11. Cf. *He* 2, 17; *Ph* 2, 5-8.

être valorisé et qualifié d'un point de vue objectif. Cela veut dire seulement que *le premier fondement de la valeur du travail est l'homme lui-même,* son sujet. Ici vient tout de suite une conclusion très importante de nature éthique : bien qu'il soit vrai que l'homme est destiné et est appelé au travail, le travail est avant tout « pour l'homme » et non l'homme « pour le travail ». Par cette conclusion, on arrive fort justement à reconnaître la prééminence de la signification subjective du travail par rapport à sa signification objective. En partant de cette façon de comprendre les choses et en supposant que différents travaux accomplis par les hommes puissent avoir une plus ou moins grande valeur objective, nous cherchons toutefois à mettre en évidence le fait que chacun d'eux doit être estimé surtout *à la mesure de la dignité* du sujet même du travail, c'est-à-dire de la personne, *de l'homme qui l'exécute.* D'un autre côté, indépendamment du travail que tout homme accomplit, et en supposant qu'il constitue un but – parfois fort absorbant – de son activité, ce but ne possède pas par lui-même une signification définitive. En fin de compte, *le but du travail,* de tout travail exécuté par l'homme – fût-ce le plus humble service, le travail le plus monotone selon l'échelle commune d'évaluation, voire le plus marginalisant – reste toujours l'homme lui-même.

7. Une menace contre la véritable hiérarchie des valeurs

Ces affirmations essentielles sur le travail ont toujours résulté des richesses de la vérité chrétienne, spécialement du message même de l'« évangile du travail », et elles ont créé le fondement de la nouvelle façon de penser, de juger et d'agir des hommes. A l'époque moderne, dès le début de l'ère industrielle, la vérité chrétienne sur le travail devait s'opposer aux divers courants de la pensée *matérialiste et « économiste »*.

Pour certains partisans de ces idées, le travail était compris et traité comme une espèce de « marchandise » que le travailleur – et spécialement l'ouvrier de l'industrie – vend à l'employeur, lequel est en même temps le possesseur du capital, c'est-à-dire de l'ensemble des instruments de travail et des moyens qui rendent possible la production. Cette façon de concevoir le travail s'est répandue plus spécialement, peut-être, dans la première moitié du XIXe siècle. Par la suite, les formulations explicites de ce genre ont presque complètement disparu, laissant la place à une façon plus humaine de penser et d'évaluer le travail. L'interaction du travailleur et de l'ensemble des instruments et des moyens de production a donné lieu au développement de diverses formes de capitalisme – parallèlement à diverses formes de collectivisme – dans lesquelles se sont insérés d'autres éléments socio-économiques à la suite de nouvelles circonstances concrètes, de l'action des associations de travailleurs et des pouvoirs publics, de l'apparition de grandes entreprises transnationales. Malgré cela, le *danger* de traiter le travail comme une « marchandise *sui generis* », ou comme une « force » anonyme nécessaire à la production (on parle même de « force-travail »), *existe toujours,* lorsque la manière d'aborder les problèmes économiques est caractérisée par les principes de l'« économisme » matérialiste.

Ce qui, pour cette façon de penser et de juger, constitue une occasion systématique et même, en un certain sens, un stimulant, c'est le processus accéléré de développement de la civilisation unilatéralement matérialiste, dans laquelle on donne avant tout de l'importance à la dimension objective du travail, tandis que la dimension subjective – tout ce qui est en rapport indirect ou direct avec le sujet même du travail – reste sur un plan secondaire. Dans tous les cas de ce genre, dans chaque situation sociale de ce type, survient une confusion, ou même une inversion de l'ordre établi depuis le commencement par les paroles du *Livre de la Genèse : l'homme est alors traité comme un instrument de production*[12] alors que lui – lui seul, quel que soit le travail qu'il accomplit – devrait être traité comme son sujet efficient, son véritable artisan et son créateur. C'est précisément cette inversion d'ordre, abstraction faite du programme et de la dénomination sous les auspices desquels elle se produit, qui mériterait – au sens indiqué plus amplement ci-dessous – le nom de « capitalisme ». On sait que le capitalisme a sa signification historique bien définie en tant que système, et système économico-social qui s'oppose au « socialisme » ou « communisme ». Mais si l'on prend en compte l'analyse de la réalité fondamentale de tout le processus économique et, avant tout, des structures de production – ce qu'est, justement, le travail –, il convient de reconnaître que l'erreur du capitalisme primitif peut se répéter partout où l'homme est en quelque sorte traité de la même façon que l'ensemble des moyens matériels de pro-

12. Cf. Pie XI, encyclique *Quadragesimo anno: AAS* 23 (1931), p. 221.

duction, comme un instrument et non selon la vraie dignité de son travail, c'est-à-dire comme sujet et auteur, et par-là même comme véritable but de tout le processus de production.

Cela étant, on comprend que l'analyse du travail humain faite à la lumière de ces paroles, qui concernent la « domination » de l'homme sur la terre, s'insère au centre même de la problématique éthico-sociale. Cette conception devrait même trouver une *place centrale dans toute la sphère de la politique sociale et économique*, à l'échelle des divers pays comme à celle, plus vaste, des rapports internationaux et intercontinentaux, avec une référence particulière aux tensions qui se font sentir dans le monde non seulement sur l'axe Orient-Occident mais aussi sur l'axe Nord-Sud. Le Pape Jean XXIII dans son encyclique *Mater et magistra*, puis le pape Paul VI dans l'encyclique *Populorum progressio*, ont porté une grande attention à ces dimensions des problèmes éthiques et sociaux contemporains.

8. Solidarité des travailleurs

S'il s'agit du travail humain, envisagé dans la dimension fondamentale de celui qui en est le sujet, c'est-à-dire de l'homme en tant que personne exécutant ce travail, on doit de ce point de vue faire au moins une estimation sommaire des développements qui sont intervenus, au cours des quatre-vingt-dix ans écoulés depuis l'encyclique *Rerum novarum*, quant à la dimension subjective du travail. En effet, si le sujet du travail est toujours le même, à savoir l'homme, des modifications notables se produisent dans l'aspect objectif du travail. Bien que l'on puisse dire que *le travail*, en raison de son sujet, *est un* (un et tel qu'on n'en trouve jamais d'exactement semblable), un examen de ses conditions objectives amène à constater qu'*il existe beaucoup de travaux*, un très grand nombre de travaux divers. Le développement de la civilisation humaine apporte en ce domaine un enrichissement continuel. En même temps, cependant, on ne peut s'empêcher de noter que, dans le processus de ce développement, on voit apparaître de nouvelles formes de travail, tandis que d'autres disparaissent. En admettant qu'en principe il s'agisse là d'un phénomène normal, il y a lieu cependant de bien voir si en lui ne se glissent pas, plus ou moins profondément, certaines irrégularités qui peuvent être dangereuses pour des motifs d'éthique sociale.

C'est précisément *en raison d'une telle anomalie aux répercussions importantes* qu'est née, au siècle dernier, ce qu'on a appelé la question ouvrière, définie parfois comme « question du prolétariat ». Cette question – comme les problèmes qui lui sont connexes – a suscité une juste réaction sociale; elle a fait surgir, on pourrait même dire jaillir, un grand élan de solidarité entre les travailleurs et, avant tout, entre les travailleurs de l'industrie. L'appel à la solidarité et à l'action commune, lancé aux hommes du travail, avait sa valeur, une valeur importante, et sa force persuasive, du point de vue de l'éthique sociale, surtout lorsqu'il s'agissait du travail sectoriel, monotone, dépersonnalisant dans les complexes industriels, quand la machine avait tendance à dominer sur l'homme.

C'était la réaction *contre la dégradation de l'homme comme sujet du travail* et contre l'exploitation inouïe qui l'accompagnait dans le domaine des profits, des conditions de travail et de prévoyance en faveur de la personne du travailleur. Une telle réaction a uni le monde ouvrier en un ensemble communautaire caractérisé par une grande solidarité.

Dans le sillage de l'encyclique *Rerum novarum* et des nombreux documents du Magistère de l'Église qui ont suivi, il faut franchement reconnaître que se justifiait, *du point de vue de la morale sociale*, la réaction contre le système d'injustice et de préjudices qui criait vengeance vers le Ciel [13] et qui pesait sur le travailleur dans cette période de rapide industrialisation. Cet état de choses était favorisé par le système socio-politique libéral qui, selon ses principes économiques, renforçait et assurait l'initiative économique des seuls possesseurs de capitaux, mais ne se préoccupait pas suffisamment des droits du travailleur, en affirmant que le travail humain est seulement un instrument de production, et que le capital est le fondement, le facteur et le but de la production.

Depuis lors, la solidarité des travailleurs, en même temps que, chez les autres, une prise de conscience plus nette et plus engagée concernant les droits des travailleurs, ont produit en beaucoup de cas des changements profonds. On a imaginé divers systèmes nouveaux. Diverses formes de néo-capitalisme ou de collectivisme se sont développées. Il n'est pas rare que les travailleurs puissent participer, et qu'ils participent effectivement, à la gestion et au contrôle de la productivité des entreprises. Au moyen d'associations appropriées, ils ont une influence sur les conditions de travail et de rémunération, comme

13. *Dt* 24, 15; *Jc* 5, 4; et aussi *Gn* 4, 10.

aussi sur la législation sociale. Mais en même temps, divers systèmes fondés sur l'idéologie ou sur le pouvoir, comme aussi de nouveaux rapports apparus aux différents niveaux de la vie sociale, *ont laissé persister des injustices flagrantes ou en ont créé de nouvelles.* Au plan mondial, le développement de la civilisation et des communications a rendu possible un diagnostic plus complet des conditions de vie et de travail de l'homme dans le monde entier, mais il a aussi mis en lumière d'autres formes d'injustice bien plus étendues que celles qui, au siècle passé, ont suscité l'union des travailleurs en vue d'une solidarité particulière dans le monde ouvrier. Il en est ainsi dans les pays qui ont déjà accompli un certain processus de révolution industrielle; il en est également ainsi dans les pays où le premier chantier de travail continue à être *la culture de la terre* ou d'autres occupations du même type.

Des mouvements de solidarité dans le domaine du travail – d'une solidarité qui ne doit jamais être fermeture au dialogue et à la collaboration avec les autres – peuvent être nécessaires, même par rapport aux conditions de groupes sociaux qui auparavant n'étaient pas compris parmi ces mouvements, mais qui subissent, dans les mutations des systèmes sociaux et des conditions de vie, *une « prolétarisation » effective* ou même se trouvent déjà en réalité dans une situation de « prolétariat » qui, même si on ne la connaît pas encore sous ce nom, est telle qu'en fait elle le mérite. Dans cette situation peuvent se trouver plusieurs catégories ou groupes de l'« intelligentsia » du travail, spécialement lorsque l'accès toujours plus large à l'instruction, le nombre toujours croissant des personnes ayant obtenu des diplômes par leur préparation culturelle, vont de pair avec une diminution de demandes de leur travail. Un tel *chômage des intellectuels* arrive ou augmente lorsque l'instruction accessible n'est pas orientée vers les types d'emplois ou de services que requièrent les vrais besoins de la société, ou quand le travail pour lequel on exige l'instruction, au moins professionnelle, est moins recherché ou moins bien payé qu'un travail manuel. Il est évident que l'instruction, en soi, constitue toujours une valeur et un enrichissement important de la personne humaine; néanmoins, certains processus de « prolétarisation » restent possibles indépendamment de ce fait.

Aussi *faut-il continuer à s'interroger sur le sujet du travail* et sur les conditions dans lesquelles il vit. Pour réaliser la justice sociale dans les différentes parties du monde, dans les divers pays, et dans les rapports entre eux, il faut toujours qu'il y ait de *nouveaux mouvements de solidarité des* travailleurs et de solidarité *avec* les travailleurs. Une telle solidarité doit toujours exister là où l'exigent la dégradation sociale du sujet du travail, l'exploitation des travailleurs et les zones croissantes de misère et même de faim. L'Église est vivement engagée dans cette cause, car elle la considère comme sa mission, son service, comme un test de sa fidélité au Christ, de manière à être vraiment l'« Église des pauvres ». Et les *« pauvres »* apparaissent sous bien des aspects; ils apparaissent en des lieux divers et à différents moments; ils apparaissent en de nombreux cas comme *un résultat de la violation de la dignité du travail humain* : soit parce que les possibilités du travail humain sont limitées – c'est la plaie du chômage –, soit parce qu'on mésestime la valeur du travail et les droits qui en proviennent, spécialement le droit au juste salaire, à la sécurité de la personne du travailleur et de sa famille.

9. Travail et dignité de la personne

En demeurant encore dans la perspective de l'homme comme sujet du travail, il convient que nous abordions, au moins de façon synthétique, quelques problèmes *qui définissent de plus près la dignité du travail humain*, car ils permettent de caractériser plus pleinement sa valeur morale spécifique. Il faut le faire en ayant toujours sous les yeux l'appel biblique de « soumettre la terre » [14], par lequel s'est exprimée la volonté du Créateur, afin que le travail permette à l'homme d'atteindre cette « domination » qui lui est propre dans le monde visible.

L'intention fondamentale et primordiale de Dieu par rapport à l'homme qu'« il créa... à sa ressemblance, à son image » [15], n'a pas été rétractée ni effacée, même pas lorsque l'homme, après avoir rompu l'alliance originelle avec Dieu, entendit les paroles : « A la sueur de ton front tu mangeras ton pain [16]. » Ces paroles se réfèrent à la *fatigue parfois pesante* qui depuis lors accompagne le travail humain; elles ne changent pas pour autant le fait que celui-ci est la voie conduisant l'homme à *réaliser la « domination »* qui lui est propre sur le monde visible en « soumettant » la terre. Cette fatigue est un fait universellement connu, parce qu'universellement expérimenté. Ils le savent bien, ceux qui accomplissent un travail physique dans des condi-

14. Cf. *Gn* 1, 28.
15. Cf. *Gn* 1, 26, 27.
16. *Gn* 3, 19.

tions parfois exceptionnellement pénibles. Ils le savent bien les agriculteurs qui, en de longues journées, s'usent à cultiver une terre qui, parfois, « produit des ronces et des épines »[17], et aussi les mineurs dans les mines ou les carrières de pierre, les travailleurs de la sidérurgie auprès des hauts fourneaux, les hommes qui travaillent dans les chantiers de construction et dans le secteur du bâtiment, alors qu'ils risquent fréquemment leur vie ou l'invalidité. Ils le savent bien également, les hommes attachés au chantier du travail intellectuel, ils le savent bien les hommes de science, ils le savent bien, les hommes qui ont sur leurs épaules la grave responsabilité de décisions destinées à avoir une vaste résonance sur le plan social. Ils le savent bien les médecins et les infirmiers, qui veillent jour et nuit auprès des malades. Elles le savent bien les femmes qui, sans que parfois la société et leurs proches eux-mêmes le reconnaissent de façon suffisante, portent chaque jour la fatigue et la responsabilité de leur maison et de l'éducation de leurs enfants. Oui, *ils le savent bien, tous les travailleurs* et, puisque le travail est vraiment une vocation universelle, on peut même dire : tous les hommes.

Et pourtant, avec toute cette fatigue – et peut-être, en un certain sens, à cause d'elle – le travail est un bien de l'homme. Si ce bien porte la marque d'un *bonum arduum,* d'un « bien ardu », selon la terminologie de saint Thomas[18], cela n'empêche pas que, comme tel, il est un bien de l'homme. Il n'est pas seulement un bien « utile » ou dont on peut « jouir », mais il est un bien « digne », c'est-à-dire qu'il cor-

17. *He* 6, 8; cf. *Gn* 3, 18.
18. Cf. *Somme théologique* I-II, q. 40, a. 1, c.; I-II, q. 34, a. 2, ad. 1.

respond à la dignité de l'homme, un bien qui exprime cette dignité et qui l'accroît. En voulant mieux préciser le sens éthique du travail, il faut avant tout prendre en considération cette vérité. Le travail est un bien de l'homme – il est un bien de son humanité – car, par le travail, *non seulement l'homme transforme la nature* en l'adaptant à ses propres besoins, mais encore *il se réalise lui-même* comme homme et même, en un certain sens, « il devient plus homme ».

Sans cette considération, on ne peut comprendre le sens de la vertu de l'ardeur au travail, plus précisément on ne peut comprendre pourquoi l'ardeur au travail devrait être une vertu; en effet la vertu, comme disposition morale, est ce qui permet à l'homme de devenir bon en tant qu'homme [19]. Ce fait ne change en rien notre préoccupation d'éviter que dans le travail l'homme lui-même ne subisse une *diminution* de sa propre dignité, alors qu'*il permet à la matière d'être ennoblie* [20]. On sait aussi que, de bien des façons, il est possible de se servir du travail *contre l'homme*, qu'on peut punir l'homme par le système du travail forcé dans les camps de concentration, qu'on peut faire du travail un moyen d'oppression de l'homme, qu'enfin on peut, de différentes façons, exploiter le travail humain, c'est-à-dire le travailleur. Tout ceci plaide pour l'obligation morale d'unir l'ardeur au travail comme vertu à *un ordre social du travail*, qui permette à l'homme de « devenir plus homme » dans le travail, et lui évite de s'y dégrader en usant ses forces physiques (ce qui est inévitable, au moins jusqu'à un certain

19. Cf. *Somme théologique* I-II, q. 40, a. 1, c.; I-II, q. 34, a. 2, ad 1.
20. Cf. Pie XI, encyclique *Quadragesimo anno: AAS* 23 (1931), pp. 221-222.

point), et surtout en entamant la dignité et la subjectivité qui lui sont propres.

10. Travail et société : famille, nation

La dimension personnelle du travail humain étant ainsi confirmée, on doit en venir à la seconde *sphère de valeurs* qui lui est nécessairement unie. Le travail est le fondement sur lequel s'édifie *la vie familiale*, qui est un droit naturel et une vocation pour l'homme. Ces deux sphères de valeurs – l'une liée au travail, l'autre dérivant du caractère familial de la vie humaine – doivent s'unir et s'influencer de façon correcte. Le travail est, d'une certaine manière, la condition qui rend possible la fondation d'une famille, puisque celle-ci exige les moyens de subsistance que l'homme acquiert normalement par le travail. Le travail et l'ardeur au travail conditionnent aussi tout *le processus d'éducation* dans la famille, précisément pour la raison que chacun « devient homme », entre autres, par le travail, et que ce fait de devenir homme exprime justement le but principal de tout le processus éducatif. C'est ici qu'entrent en jeu, dans un certain sens, deux aspects du travail : celui qui assure la vie et la subsistance de la famille, et celui par lequel se réalisent les buts de la famille, surtout l'éducation. Néanmoins ces deux aspects du travail sont unis entre eux et se complètent sur différents points.

Dans l'ensemble, on doit se souvenir et affirmer que la famille constitue l'un des termes de référence les plus importants, selon lesquels doit se former l'ordre social et éthique du travail humain. La doctrine de l'Église a toujours réservé une attention spéciale à ce problème et, dans le présent document, il faudra que nous y revenions encore. Car la famille est à la fois une *communauté rendue possible par le travail* et la première *école interne de travail* pour tout homme.

La troisième sphère de valeurs que nous rencontrons dans la perspective retenue ici – celle du sujet du travail – regarde *la grande société* à laquelle l'homme appartient en vertu de liens culturels et historiques particuliers. Cette société, même si elle n'a pas encore pris la forme achevée d'une nation, est la grande « éducatrice » de tout homme, encore qu'indirectement (car chacun assume dans sa famille les éléments et les valeurs dont l'ensemble compose la culture d'une nation donnée), et elle est aussi une grande incarnation historique et sociale du travail de toutes les générations. Le résultat de tout cela est que l'homme lie son identité humaine la plus profonde à l'appartenance à sa nation, et qu'il voit aussi dans son travail un moyen d'accroître le bien commun élaboré avec ses compatriotes, en se rendant compte ainsi que, par ce moyen, le travail sert à multiplier le patrimoine de toute la famille humaine, de tous les hommes vivant dans le monde.

Ces trois sphères conservent de façon permanente leur *importance pour le travail humain* dans sa dimension subjective. Cette dimension, c'est-à-dire la réalité concrète de l'homme au travail, l'emporte sur la dimension objective. Dans la dimension subjective se réalise avant tout la « domination » sur le monde de la nature, à laquelle l'homme est appelé depuis les origines selon les paroles du *Livre de la Genèse.* Si le processus de soumission de la terre, c'est-à-dire le travail sous l'aspect de la technique, est caractérisé au cours de l'histoire, et spécialement ces derniers siècles, par un immense développement des moyens de production, il s'agit là d'un phénomène avantageux et positif, à condition que la dimension objective du travail ne prenne pas le dessus sur la dimension subjective, en enlevant à l'homme ou en diminuant sa dignité et ses droits inaliénables.

III

LE CONFLIT ENTRE LE TRAVAIL ET LE CAPITAL DANS LA PHASE ACTUELLE DE L'HISTOIRE

11. Dimensions de ce conflit

L'ébauche de la problématique fondamentale du travail, telle qu'elle a été esquissée ci-dessus, de même qu'elle se réfère aux premiers textes bibliques, constitue, en un certain sens, l'armature de l'enseignement de l'Église, qui se maintient inchangé à travers les siècles, dans le contexte des diverses expériences de l'histoire. Toutefois, sur la toile de fond des expériences qui ont précédé la publication de l'encyclique *Rerum novarum* et qui l'ont suivie, cet enseignement acquiert une possibilité particulière d'expression et un caractère de vive actualité. Le travail apparaît dans cette analyse comme une grande réalité, qui exerce une influence fondamentale sur la formation, au sens humain, du monde confié à l'homme par le Créateur et sur son humanisation; il est aussi une réalité étroitement liée à l'homme, comme à son propre sujet, et à sa façon rationnelle d'agir. Cette réalité, dans le cours normal des choses, remplit la vie humaine et a une forte incidence sur sa valeur et sur son sens. Même s'il est associé à la fatigue et à l'effort, le travail ne cesse pas d'être un bien, en sorte que l'homme se développe en aimant son travail. Ce caractère *du travail humain,* tout à fait *positif et créateur, éducatif et méritoire,* doit constituer le fondement des estimations et des décisions qui se prennent aujourd'hui à son égard, même en référence aux *droits subjectifs de l'homme,* comme l'attestent les *Déclarations* internationales et aussi les multiples *Codes du travail,* élaborés par les institutions législatives compétentes des divers pays comme par les organisations qui consacrent leur activité sociale ou scientifico-sociale à la problématique du travail. Il y a un organisme qui promeut de telles initiatives au niveau international : c'est l'*Organisation internationale du Travail,* la plus ancienne Institution spécialisée de l'Organisation des Nations Unies.

Dans une partie subséquente des présentes considérations, j'ai l'intention de revenir de façon plus détaillée sur ces problèmes importants, en rappelant au moins les éléments fondamentaux de la doctrine de l'Église sur ce thème. Auparavant cependant, il convient d'aborder une sphère très importante de problèmes qui ont servi de cadre à la formation de cet enseignement dans la dernière étape, autrement dit dans la période dont le début, en un certain sens symbolique, correspond à l'année de la publication de l'encyclique *Rerum novarum.*

On sait que, durant toute cette période qui n'est d'ailleurs pas terminée, le problème du travail s'est posé en fonction du grand *conflit* qui, à l'époque du développement industriel et en liaison avec lui, s'est manifesté entre le *« monde du capital »* et le *« monde du travail »,* autrement dit entre le groupe restreint, mais très influent, des entrepreneurs, des propriétaires ou détenteurs des moyens de production et la multitude plus large des gens qui, privés de ces moyens, ne participaient au processus de production que par leur travail. Ce conflit a eu son origine dans le fait que les travailleurs mettaient leurs forces à la disposition du groupe des entrepreneurs, et que ce dernier, guidé par le principe du plus grand profit, cherchait à maintenir le salaire le plus bas possible pour le travail exécuté par les ouvriers. A cela il faut encore ajouter d'autres éléments d'exploitation, liés au manque de sécurité dans le travail et à l'absence de garanties quant aux conditions de santé et de vie des ouvriers et de leurs familles.

Ce conflit, interprété par certains comme un *conflit* socio-économique *à caractère de classe,* a trouvé son expression dans *le conflit idéologique* entre le libéralisme, entendu comme idéologie du capitalisme, et le marxisme, entendu comme idéologie du socialisme scientifique et du communisme, qui prétend intervenir en qualité de porte-parole de la classe ouvrière, de tout le prolétariat mondial. De cette façon, le conflit réel qui existait entre le monde du travail et celui du capital s'est transformé *en lutte de classe systématique,* conduite avec des méthodes non seulement idéologiques mais aussi et surtout politiques. On connaît l'histoire de ce conflit, comme on connaît aussi les exigences de l'une et de l'autre partie. Le programme marxiste, basé sur la philosophie de Marx et d'Engels, voit dans la lutte des classes l'unique moyen d'éliminer les injustices de classe existant dans la société, et d'éliminer les classes elles-mêmes. La réalisation de ce programme envisage tout d'abord de *« collectiviser » des moyens de production,* afin que, par le transfert de ces moyens des personnes privées à la collectivité, le travail humain soit préservé de l'exploitation.

C'est à cela que tend la lutte conduite par des méthodes idéologiques et aussi politiques. Les regroupements inspirés par l'idéologie marxiste, comme partis politiques, tendent, conformément au principe de la « dictature du prolétariat » et en exerçant des influences de divers types, y compris la pression révolutionnaire, *au monopole du pouvoir dans chacune des sociétés,* et veulent y introduire le système collectiviste grâce à l'élimination de la propriété privée des moyens de production. Selon les principaux idéologues et les chefs de cet ample mouvement international, le but d'un tel programme d'action est d'accomplir la révolution sociale et d'introduire dans le monde entier le socialisme et, en définitive, le système communiste.

En abordant cette sphère extrêmement importante de problèmes qui constituent non seulement une théorie mais la trame de la vie socio-économique, politique et internationale, de notre époque, *on ne peut entrer dans les détails,* et d'ailleurs ce n'est pas nécessaire, puisque ces problèmes sont connus aussi bien grâce à une abondante littérature qu'à partir des expériences pratiques. On doit, par contre, remonter de leur contexte au problème fondamental du travail humain auquel sont consacrées avant tout les considérations du présent document. Il est en effet évident que ce problème capital, toujours du point de vue de l'homme – problème qui constitue l'une des dimensions fondamentales de son existence terrestre et de sa vocation –, ne saurait être expliqué autrement qu'en tenant compte de tout le contexte de la réalité contemporaine.

12. Priorité du travail

En face de cette réalité contemporaine, dont la structure porte si profondément inscrits tant de conflits causés par l'homme et dans laquelle les moyens techniques, fruits du travail humain, jouent un rôle de premier plan (on pense également ici à la perspective d'un cataclysme mondial dans l'éventualité d'une guerre nucléaire dont les possibilités de destruction seraient quasi inimaginables), on doit avant tout rappeler un principe toujours enseigné par l'Église. C'est *le principe de la priorité du « travail » par rapport au « capital »*. Ce principe concerne directement le processus même de la production dont le travail est toujours *une cause efficiente* première, tandis que le « capital », comme ensemble des moyens de production, demeure seulement un *instrument* ou la cause instrumentale. Ce principe est une vérité évidente qui ressort de toute l'expérience historique de l'homme.

Lorsque, dans le premier chapitre de la Bible, nous lisons que l'homme doit soumettre la terre, nous savons que ces paroles se réfèrent à toutes les ressources que le monde visible renferme en lui-même et qui sont mises à la disposition de l'homme. Toutefois ces ressources ne peuvent *servir à l'homme que par le travail.* Au travail demeure également lié depuis les origines le problème de la propriété, car, pour faire servir à soi et aux autres les ressources cachées dans la nature, l'homme a comme unique moyen son travail. Et afin de pouvoir faire fructifier ces ressources par son travail, l'homme s'approprie des petites parties des diverses richesses de la nature : du sous-sol, de la mer, de la terre, de l'espace. L'homme s'approprie tout cela en en faisant le chantier de son travail. Il se l'approprie par le travail et pour avoir encore du travail.

Le même principe s'applique aux phases successives de ce processus, dans lequel *la première phase* demeure toujours le rapport de l'homme *avec les ressources et les richesses de la nature.* Tout l'effort de connaissance qui tend à découvrir ces richesses, à déterminer leurs diverses possibilités d'utilisation par l'homme et pour l'homme, nous fait prendre conscience de ceci : tout ce qui, dans l'ensemble de l'œuvre de production économique, provient de l'homme, aussi bien le travail que l'ensemble des moyens de production et la technique qui leur est liée (c'est-à-dire la capacité de mettre en œuvre ces moyens dans le travail), suppose ces richesses et ces ressources du monde visible *que l'homme trouve,* mais qu'il ne crée pas. Il les trouve, en un certain sens, déjà prêtes, préparées pour leur découverte et leur utilisation correcte dans le processus de production. En toute phase du développement de son travail, l'homme rencontre le fait que tout lui est principalement *donné* par la « nature », autrement dit, en définitive, par le *Créateur.* Au début du travail humain, il y a le mystère de la création. Cette affirmation, déjà indiquée comme point de départ, constitue le fil conducteur de ce document et sera développée ultérieurement, dans la dernière partie de ces réflexions.

La considération qui vient ensuite sur le même problème doit nous confirmer dans la conviction de *la priorité du travail humain par rapport à ce que,* avec le temps, on a pris l'habitude d'appeler

« capital ». Si en effet, dans le cadre de ce dernier concept, on fait entrer, outre les ressources de la nature mises à la disposition de l'homme, l'ensemble des moyens par lesquels l'homme se les approprie en les transformant à la mesure de ses besoins (et ainsi, en un sens, en les « humanisant »), on doit alors constater dès maintenant que *cet ensemble de moyens est le fruit du patrimoine historique du travail humain.* Tous les moyens de production, des plus primitifs aux plus modernes, c'est l'homme qui les a progressivement élaborés : l'expérience et l'intelligence de l'homme. De cette façon sont apparus, non seulement les instruments les plus simples qui servent à la culture de la terre, mais aussi – grâce au progrès adéquat de la science et de la technique – les plus modernes et les plus complexes : les machines, les usines, les laboratoires et les ordinateurs. Ainsi, *tout ce qui sert au travail,* tout ce qui constitue, dans l'état actuel de la technique, son « instrument » toujours plus perfectionné, *est le fruit du travail.*

Cet instrument gigantesque et puissant, à savoir l'ensemble des moyens de production considérés en un certain sens comme synonyme de « capital », est né du travail et porte les marques du travail humain. Au stade présent de l'avancement de la technique, l'homme, qui est le sujet du travail, quand il veut se servir de cet ensemble d'instruments modernes, c'est-à-dire des moyens de production, doit commencer par assimiler, au plan de la connaissance, le fruit du travail des hommes qui ont découvert ces instruments, qui les ont programmés, construits et perfectionnés, et qui continuent à le faire. *La capacité de travail* – c'est-à-dire la possibilité de participer efficacement au processus moderne de production – exige une *préparation* toujours plus grande et, avant tout, une *instruction* adéquate. Évidemment, il reste clair que tout homme, participant au processus de production, même dans le cas où il exécute seulement un type de travail qui ne requiert pas une instruction particulière et des qualifications spéciales, continue à être, dans ce processus de production, le vrai sujet efficace, tandis que l'ensemble des instruments, fût-il le plus parfait, est seulement et exclusivement un instrument subordonné au travail de l'homme.

Cette vérité, qui appartient au patrimoine stable de la doctrine de l'Église, doit être toujours soulignée en rapport avec le problème du système de travail et aussi de tout le système socio-économique. Il faut souligner et mettre en relief le primat de l'homme dans le processus de production, *le primat de l'homme par rapport aux choses.* Tout ce qui est contenu dans le concept de « capital », au sens restreint du terme, est seulement un ensemble de choses. Comme sujet du travail, et quel que soit le travail qu'il accomplit, l'homme, et lui seul, est une personne. Cette vérité contient en elle-même des conséquences importantes et décisives.

13. « Économisme » et matérialisme

Avant tout, à la lumière de cette vérité, on voit clairement qu'on ne saurait séparer le « capital » du travail, qu'on ne saurait en aucune manière opposer le travail au capital, ni le capital au travail, et moins encore – comme on l'expliquera plus loin – les hommes concrets, désignés par ces concepts. Le système de travail qui peut être juste, c'est-à-dire conforme à l'essence même du problème ou, encore, intrinsèquement vrai et en même temps moralement légitime, est celui qui, en ses fondements, *dépasse l'antinomie entre travail et capital,* en cherchant à se structurer selon le principe énoncé plus haut de la priorité substantielle et effective du travail, de l'aspect subjectif du travail humain et de sa participation efficiente à tout le processus de production, et cela quelle que soit la nature des prestations fournies par le travailleur.

L'antinomie entre travail et capital ne trouve sa source ni dans la structure du processus de production ni dans celle du processus économique en général. Ce processus révèle en effet une compénétration réciproque entre le travail et ce que nous sommes habitués à nommer le capital; il montre leur lien indissoluble. L'homme, à quelque tâche qu'il soit attelé, relativement primitive ou, au contraire, ultramoderne, peut aisément se rendre compte de ce que, *par son travail, il hérite d'un double patrimoine :* il hérite d'une part de ce qui est donné à tous les hommes sous forme de ressources naturelles et, d'autre part, de tout ce que les autres ont déjà élaboré à partir de ces ressources, avant tout en développant la technique, c'est-à-dire en réalisant un ensemble d'instruments de travail toujours plus parfaits. Tout en travaillant, l'homme « hérite du travail d'autrui [21] ». Nous acceptons sans difficulté cette vision du domaine et du processus du travail humain, guidés que nous sommes tant par l'intelligence que par la foi qui reçoit sa lumière de la parole de Dieu. Il s'agit là d'*une vision cohérente, à la fois théologique et humaniste.* En elle, l'homme apparaît

21. Cf. *Jn* 4, 38.

comme le « patron » des créatures, mises à sa disposition dans le monde visible. Si, dans le processus du travail, on découvre quelque dépendance, il s'agit de celle qui lie au donateur de toutes les ressources de la création, et qui devient à son tour dépendance envers d'autres hommes, envers ceux qui, par leur travail et leurs initiatives, ont donné à notre propre travail des possibilités déjà perfectionnées et accrues. De tout ce qui, dans le processus de production, constitue un ensemble de « choses », des instruments, du capital, nous pouvons seulement affirmer qu'il *« conditionne »* le travail de l'homme. Mais nous ne pouvons pas affirmer qu'il soit comme le « sujet » anonyme qui *met en position dépendante* l'homme et son travail.

La *rupture de cette vision cohérente,* dans laquelle est strictement sauvegardé le principe du primat de la personne sur les choses, *s'est réalisée dans la pensée humaine,* parfois après une longue période de préparation dans la vie pratique. Elle s'est opérée de telle sorte que le travail a été séparé du capital et opposé à lui, de même que le capital a été opposé au travail, presque comme s'il s'agissait de deux forces anonymes, de deux facteurs de production envisagés tous les deux dans une même perspective « économiste ». Dans cette façon de poser le problème, il y avait l'erreur fondamentale que l'on peut appeler l'*erreur de l'« économisme »* et qui consiste à considérer le travail humain exclusivement sous le rapport de sa finalité économique. On peut et on doit appeler cette erreur fondamentale de la pensée *l'erreur du matérialisme* en ce sens que l'« économisme » comporte, directement ou indirectement, la conviction du primat et de la supériorité de ce qui est matériel, tandis qu'il place, directement ou indirectement, ce qui est spirituel et personnel (l'agir de l'homme, les valeurs morales et similaires) dans une position subordonnée à la réalité matérielle. Cela ne constitue pas encore le *matérialisme théorique* au sens plénier du mot; mais c'est déjà certainement un *matérialisme* pratique qui, moins en vertu des prémisses dérivant de la théorie matérialiste qu'en raison d'un mode déterminé de porter des jugements de valeur – et donc en vertu d'une certaine hiérarchie des biens, fondée sur l'attraction forte et immédiate de ce qui est matériel –, est jugé capable de satisfaire les besoins de l'homme.

L'erreur de penser selon les catégories de l'« économisme » est allée de pair avec l'apparition de la philosophie matérialiste et avec le développement de cette philosophie depuis sa phase la plus élémentaire et la plus commune (encore appelée matérialisme vulgaire parce qu'il prétend réduire la réalité spirituelle à un phénomène superflu) jusqu'à celle de ce qu'on nomme matérialisme dialectique. Il semble pourtant que, dans le cadre des considérations présentes, pour le problème fondamental du travail humain et, en particulier, pour cette séparation et cette opposition entre « travail » et « capital », comme entre deux facteurs de la production envisagés dans la même perspective « économiste » dont nous avons parlé, *l'« économisme » ait eu une importance décisive* et ait influé sur cette manière non humaniste de poser le problème, avant le système philosophique matérialiste. Néanmoins il est évident que le matérialisme, même sous sa forme dialectique, n'est pas en état de fournir à la réflexion sur le travail humain des bases suffisantes et définitives pour que le primat de l'homme sur l'instrument-capital, le primat de la personne sur la chose, puissent trouver en lui une *vérification* adéquate et irréfutable et un véritable *soutien*. Même dans le matérialisme dialectique, l'homme n'est pas d'abord sujet du travail et cause efficiente du processus de production, mais il reste traité et compris en dépendance de ce qui est matériel, comme une sorte de « résultante » des rapports économiques et des rapports de production qui prédominent à une époque donnée.

Évidemment, l'antinomie, envisagée ici, entre le travail et le capital – *antinomie* dans le cadre de laquelle *le travail a été séparé du capital et opposé à lui*, en un certain sens de façon ontique, comme s'il était un élément quelconque du processus économique – a son origine, non seulement dans la philosophie et les théories économiques du XVIIIe siècle, mais plus encore dans la pratique économico-sociale de cette époque qui fut celle de l'industrialisation naissant et se développant de manière impétueuse et dans laquelle on percevait en premier lieu la possibilité de multiplier abondamment les richesses matérielles, c'est-à-dire les moyens, mais en perdant de vue la fin, c'est-à-dire l'homme à qui ces moyens doivent servir. Cette *erreur* d'ordre pratique a *touché* d'abord le travail humain, *l'homme au travail*, et a causé la réaction sociale éthiquement juste dont on a parlé plus haut. La même erreur, qui a désormais son aspect historique déterminé, lié à la période du capitalisme et du libéralisme primitifs, peut encore se répéter en d'autres circonstances de temps et de lieu si, dans le raisonnement, on part des mêmes prémisses tant théoriques que pratiques. On ne voit pas d'autre possibilité de dépassement radical de cette erreur si n'interviennent pas des changements adéquats dans le domaine de la théorie comme dans celui de la pratique, changements *allant dans une ligne* de ferme conviction du primat de la personne sur la chose, du travail de l'homme sur le capital entendu comme ensemble des moyens de production.

14. Travail et propriété

Le processus historique – qui est ici brièvement présenté – est assurément sorti de sa phase initiale, mais il continue et tend même à s'étendre dans les rapports entre nations et continents. Il appelle encore un éclaircissement sous un autre point de vue. Il est évident que lorsque l'on parle de l'antinomie entre travail et capital, il ne s'agit pas seulement de concepts abstraits ou de « forces anonymes » agissant dans la production économique. Derrière ces concepts, il y a des hommes, des hommes vivants, concrets. D'un côté, il y a ceux qui exécutent le travail sans être propriétaires des moyens de production, et, de l'autre, il y a ceux qui remplissent la fonction d'entrepreneurs et sont propriétaires de ces moyens, ou du moins représentent ces derniers. Ainsi donc s'insère dans l'ensemble de ce difficile processus historique, et depuis le début, le *problème de la propriété.* L'encyclique *Rerum novarum*, qui a pour thème la question sociale, met aussi l'accent sur ce problème, en rappelant et en confirmant la doctrine de l'Église sur la propriété, sur le droit à la propriété privée, même lorsqu'il s'agit des moyens de production. L'encyclique *Mater et magistra* a une position identique.

Ce principe, rappelé alors par l'Église et qu'elle enseigne toujours, *diverge* radicalement d'avec le programme du *collectivisme,* proclamé par le marxisme et réalisé dans divers pays du monde au cours des décennies qui ont suivi l'encyclique de Léon XIII. Il diffère encore du programme du *capitalisme,* pratiqué par le libéralisme et les systèmes politiques qui se réclament de lui. Dans ce second cas, la différence réside dans la manière de comprendre le droit de propriété. La tradition chrétienne n'a jamais soutenu ce droit comme un droit absolu et intangible. Au contraire, elle l'a toujours entendu dans le contexte plus vaste du droit commun de tous à utiliser les biens de la création entière : *le droit à la propriété privée est subordonné à celui de l'usage commun,* à la destination universelle des biens.

En outre, la propriété, selon l'enseignement de l'Église, n'a jamais été comprise de façon à pouvoir constituer un motif de désaccord social dans le travail. Comme il a déjà été rappelé plus haut, la propriété s'acquiert avant tout par le travail et pour servir au travail. Cela concerne de façon particulière la propriété des moyens de production. Les considérer séparément comme un ensemble de propriétés à part dans le but de les opposer, sous forme de « capital », au « travail » et, qui plus est, dans le but d'exploiter ce travail, est contraire à la nature de ces moyens et à celle de leur possession. Ils ne sauraient être *possédés contre le travail,* et ne peuvent être non plus *possédés pour posséder,* parce que l'unique titre légitime à leur possession – et cela aussi bien sous la forme de la propriété privée que sous celle de la propriété publique ou collective – *est qu'ils servent au travail* et qu'en conséquence, en servant au travail, ils rendent possible la réalisation du premier principe de cet ordre qu'est la destination universelle des biens et le droit à leur usage commun. De ce point de vue, en considération du travail humain et de l'accès commun aux biens destinés à l'homme, on ne peut pas exclure non plus *la socialisation,* sous les conditions qui conviennent, de certains moyens de production. Dans l'espace des décennies nous séparant de la publication de l'encyclique *Rerum novarum,* l'enseignement de l'Église a toujours rappelé tous ces principes, en remontant aux arguments formulés dans une tradition beaucoup plus ancienne, par exemple aux arguments connus de la *Somme théologique* de saint Thomas d'Aquin[22].

Dans le présent document, dont le thème principal est le travail humain, il convient de confirmer tout l'effort par lequel l'enseignement de l'Église sur la propriété a cherché et cherche toujours à assurer le primat du travail et, par là, la *subjectivité* de l'homme dans la vie sociale et, spécialement, dans la *structure dynamique de tout le processus économique.* De ce point de vue, demeure inacceptable la position du capitalisme « rigide », qui défend le droit exclusif de la propriété privée des moyens de production, comme un « dogme » intangible de la vie économique. Le principe du respect du travail exige que ce droit soit soumis à une révision constructive, tant en théorie qu'en pratique. S'il est vrai que le capital – entendu comme l'ensemble des moyens de production – est en même temps le produit du travail des générations, il est alors tout aussi vrai qu'il se crée sans cesse grâce au travail effectué avec l'aide de cet ensemble de moyens de production, qui

22. Pour le droit de propriété, cf. *Somme théologique* II-II, q. 66, a. 2 et a. 6; *De regimine principum,* L. I, cc. 15 et 17. Pour la fonction sociale de la propriété, cf. *Somme théologique* II-II, q. 134, a. 1, ad 3.

apparaissent comme un grand atelier où œuvre, jour après jour, l'actuelle génération des travailleurs. Il s'agit, à l'évidence, des diverses sortes de travail, non seulement du travail dit manuel, mais aussi des divers travaux intellectuels, depuis le travail de conception jusqu'à celui de direction.

A cette lumière, les nombreuses propositions avancées par les experts de la doctrine sociale catholique et aussi par le magistère suprême de l'Église [23] acquièrent une signification toute particulière. Il s'agit des *propositions* concernant la *copropriété des moyens de travail*, la participation des travailleurs à la gestion et/ou aux profits des entreprises, ce que l'on nomme l'actionnariat ouvrier, etc. Quelles que soient les applications concrètes qu'on puisse faire de ces diverses propositions, il demeure évident que la reconnaissance de la position juste du travail et du travailleur dans le processus de production exige des adaptations variées même dans le domaine du droit de propriété des moyens de production. En disant cela, on prend en considération, non seulement les situations les plus anciennes, mais d'abord la réalité et la problématique qui se sont créées dans la seconde moitié de ce siècle, en ce qui concerne le tiers monde et les divers pays indépendants qui, spécialement en Afrique, mais aussi ailleurs, ont remplacé les territoires coloniaux d'autrefois.

Si donc la position du capitalisme « rigide » doit être continuellement soumise à révision en vue d'une réforme prenant en considération les droits de l'homme, entendus dans leur sens le plus large et

23. Cf. Pie XI, encyclique *Quadragesimo anno: AAS* 23 (1931), p. 199; Conc. Œcum. Vat. II, const. past. sur l'Église dans le monde de ce temps *Gaudium et spes*, 68: *AAS* 58 (1966), pp. 1089-1090.

dans leurs rapports avec le travail, alors on doit affirmer, du même point de vue, que ces réformes multiples et tant désirées ne peuvent pas être réalisées *par l'élimination a priori de la propriété privée des moyens de production.* Il convient en effet d'observer que le simple fait de retirer ces moyens de production (le capital) des mains de leurs propriétaires privés ne suffit pas à les socialiser de manière satisfaisante. Ils cessent d'être la propriété d'un certain groupe social, les propriétaires privés, pour devenir la propriété de la société organisée, passant ainsi sous l'administration et le contrôle direct d'un autre groupe de personnes qui, sans en avoir la propriété mais en vertu du pouvoir qu'elles exercent dans la société, disposent d'eux à l'échelle de l'économie nationale tout entière, ou à celle de l'économie locale.

Ce groupe dirigeant et responsable peut s'acquitter de ses tâches de façon satisfaisante du point de vue du primat du travail, mais il peut aussi s'en acquitter mal, en revendiquant en même temps pour lui-même le *monopole de l'administration et de la disposition* des moyens de production, et en ne s'arrêtant même pas devant l'offense faite aux droits fondamentaux de l'homme. Ainsi donc, le fait que les moyens de production deviennent la propriété de l'État dans le système collectiviste ne signifie pas par lui-même que cette propriété est « socialisée ». On ne peut parler de socialisation que si la subjectivité de la société est assurée, c'est-à-dire si chacun, du fait de son travail, a un titre plénier à se considérer en même temps comme co-propriétaire du grand chantier de travail dans lequel il s'engage avec tous. Une des voies pour parvenir à cet objectif pourrait être d'associer le travail, dans la mesure du possible, à la propriété du capital, et de donner vie à une série de corps intermédiaires à finalités économiques, sociales et culturelles : ces corps jouiraient d'une autonomie effective vis-à-vis des pouvoirs publics; ils poursuivraient leurs objectifs spécifiques en entretenant entre eux des rapports de loyale collaboration et en se soumettant aux exigences du bien commun, ils revêtiraient la forme et la substance d'une communauté vivante. Ainsi leurs membres respectifs seraient-ils considérés et traités comme des personnes et stimulés à prendre une part active à leur vie[24].

15. Argument personnaliste

Ainsi, le principe de la priorité du travail sur le capital est un postulat qui appartient à l'ordre de la morale sociale. Ce postulat a une importance clé aussi bien dans le système fondé sur le principe de la propriété privée des moyens de production que dans celui où la propriété privée de ces moyens a été limitée même radicalement. Le travail est, en un certain sens, inséparable du capital, et il ne tolère sous aucune forme l'antinomie – c'est-à-dire la séparation et l'opposition par rapport aux moyens de production – qui, résultant de prémisses uniquement économiques, a pesé sur la vie humaine au cours des derniers siècles. Lorsque l'homme travaille, en utilisant l'ensemble des moyens de production, il désire en même temps que les fruits de son travail soient utiles, à lui et à autrui, et que, dans le proces-

24. Cf. Jean XXIII, encyclique *Mater et Magistra: AAS* 53 (1961), p. 419.

sus même du travail, il puisse apparaître comme co-responsable et co-artisan au poste de travail qu'il occupe.

De là découlent divers droits spécifiques des travailleurs, droits qui correspondent à l'obligation du travail. On en parlera par la suite. Mais il est dès maintenant nécessaire de souligner, de manière générale, que l'homme qui travaille désire *non seulement recevoir la rémunération qui lui est due* pour son travail, mais aussi qu'on prenne en considération, dans le processus même de production, la possibilité pour lui d'avoir *conscience* que, même s'il travaille dans une propriété collective, il travaille en même temps *« à son compte »*. Cette conscience se trouve étouffée en lui dans un système de centralisation bureaucratique excessive où le travailleur se perçoit davantage comme l'engrenage d'un grand mécanisme dirigé d'en haut et – à plus d'un titre – comme un simple instrument de production que comme un véritable sujet du travail, doué d'initiative propre. L'enseignement de l'Église a toujours exprimé la conviction ferme et profonde que le travail humain ne concerne pas seulement l'économie, mais implique aussi et avant tout des valeurs personnelles. Le système économique lui-même et le processus de production trouvent leur avantage à ce que ces valeurs personnelles soient pleinement respectées. Dans la pensée de saint Thomas d'Aquin,[25] c'est surtout cette raison qui plaide en faveur de la propriété privée des moyens de production. Si nous acceptons que, pour certains motifs fondés, des exceptions puissent être faites au principe de la propriété privée – et, à notre époque, nous sommes

25. Cf. *Somme théologique* II-II, q. 65, a. 2.

même témoins que, dans la vie, a été introduit le système de la propriété « socialisée » –, *l'argument personnaliste ne perd cependant pas sa force,* ni au niveau des principes, ni au plan *pratique.* Pour être rationnelle et fructueuse, toute socialisation des moyens de production doit prendre cet argument en considération. On doit tout faire pour que l'homme puisse conserver même dans un tel système la conscience de travailler « à son compte ». Dans le cas contraire, il s'ensuit nécessairement dans tout le processus économique des dommages incalculables, dommages qui ne sont pas seulement économiques mais qui atteignent avant tout l'homme.

IV

DROITS DES TRAVAILLEURS

16. Dans le vaste contexte des droits de l'homme

Si le travail, aux divers sens du terme, est une obligation, c'est-à-dire un devoir, il est aussi en même temps une source de droits pour *le travailleur.* Ces *droits* doivent être examinés dans le vaste *contexte de l'ensemble des droits de l'homme,* droits qui lui sont co-naturels et dont beaucoup ont été proclamés par diverses instances internationales et sont toujours davantage garantis par les États à leurs citoyens. Le respect de ce vaste ensemble de droits de l'homme constitue la condition fondamentale de la paix dans le monde contemporain : la paix à l'intérieur de chaque pays, de chaque société aussi bien que dans le domaine des rapports internationaux, comme cela a été relevé bien des fois par le magistère de l'Église, particulièrement depuis l'époque de l'encyclique *Pacem in terris. Les droits humains qui découlent du travail* rentrent précisément dans l'ensemble plus large des droits fondamentaux de la personne.

Cependant, à l'intérieur de cet ensemble, ils ont un caractère propre qui répond à la nature spécifique du travail humain tel qu'on vient d'en tracer les grandes lignes, et c'est en fonction de ces caractéristiques qu'il faut les considérer. Le travail est, comme on l'a dit, une *obligation,* c'est-à-dire un *devoir de l'homme,* et ceci *à plusieurs titres.* L'homme doit travailler parce que le Créateur le lui a ordonné, et aussi du fait de son humanité même dont la subsistance et le développement exigent le travail. L'homme doit travailler par égard pour le prochain, spécialement pour sa famille, mais aussi pour la société à laquelle il appartient, pour la nation dont il est fils ou fille, pour toute la famille humaine dont il est membre, étant héritier du travail des générations qui l'ont précédé et en même temps co-artisan de l'avenir de ceux qui viendront après lui dans la suite de l'histoire. Tout cela constitue l'obligation morale du travail entendue en son sens le plus large. Lorsqu'il faudra considérer les droits moraux de chaque homme par rapport au travail, droits correspondants à cette obligation, on devra avoir toujours devant les yeux ce cercle entier de points de référence dans lequel prend place le travail de chaque sujet au travail.

En effet, en parlant de l'obligation du travail et des droits du travailleur correspondants à cette obligation, nous avons avant tout dans l'esprit le rapport entre *l'employeur* – celui qui fournit le travail, de façon directe ou indirecte – *et le travailleur.*

La distinction entre employeur direct et indirect semble très importante en considération aussi bien de l'organisation réelle du travail que de la possibilité d'établir des rapports justes ou injustes dans le domaine du travail.

Si *l'employeur direct* est la personne ou l'institution avec lesquelles le travailleur conclut directement le contrat de travail selon des conditions déterminées, il faut alors comprendre sous le terme *d'employeur indirect* les nombreux facteurs différenciés qui, outre l'employeur direct, exercent une influence déterminée sur la manière dont se forment le contrat de travail et, par voie de conséquence, les rapports plus ou moins justes dans le domaine du travail humain.

17. Employeur : « indirect » et « direct »

Dans le concept d'employeur indirect entrent les personnes, les institutions de divers types, comme aussi les conventions collectives de travail et les *principes* de comportement, qui, établis par ces personnes et institutions, déterminent tout le *système socio-économique* ou en découlent. Le concept d'employeur indirect se réfère ainsi à des éléments nombreux et variés. La responsabilité de l'employeur indirect est différente de celle de l'employeur direct – comme les termes eux-mêmes l'indiquent : la responsabilité est moins directe – mais elle demeure une véritable responsabilité: l'employeur indirect détermine substantiellement l'un ou l'autre aspect du rapport de travail et conditionne ainsi le comportement de l'employeur direct lorsque ce dernier détermine concrètement le contrat et les rapports de travail. Une constatation de ce genre n'a pas pour but de décharger ce dernier de la responsabilité qui lui appartient en propre, mais seulement d'attirer l'attention sur l'imbrication des conditionnements qui influent sur son comportement. Lorsqu'il s'agit d'instaurer une *politique du travail correcte du point de vue éthique*, il est nécessaire d'avoir tous ces conditionnements devant les yeux. Et cette politique est correcte lorsque les droits objectifs du travailleur sont pleinement respectés.

Le concept d'employeur indirect peut être appliqué à chaque société particulière, et avant tout à l'État. C'est l'État, en effet, qui doit mener une juste politique du travail. On sait cependant que, dans le système actuel des rapports économiques dans le monde, on constate de *multiples liaisons entre les divers États,* liaisons qui s'expriment par exemple dans les mouvements d'importation et d'exportation, c'est-à-dire dans l'échange réciproque de biens économiques, qu'il s'agisse de matières premières, de produits semi-finis ou de produits industriels finis. Ces rapports créent aussi des *dépendances* réciproques et il serait par conséquent difficile de parler de pleine auto-suffisance, c'est-à-dire d'autarcie, pour quelque État que ce soit, fût-il économiquement le plus puissant.

Ce système de dépendances réciproques est en lui-même normal; cependant, il peut facilement donner lieu à diverses formes d'exploitation ou d'injustice et avoir ainsi une influence sur la politique du travail des États et, en définitive, sur le travailleur individuel qui est le sujet propre du travail. Par exemple, *les pays hautement industrialisés* et plus encore les entreprises qui contrôlent sur une grande échelle les moyens de production industrielle (ce qu'on appelle les sociétés multinationales ou transnationales) imposent les prix les plus élevés possible pour leurs produits et cherchent en même temps à fixer les prix les plus bas possible pour les matières premières ou les produits semi-finis. Cela, parmi d'autres causes, a pour résultat de créer une disproportion toujours croissante entre les revenus nationaux des différents pays. La distance entre la plupart des pays riches et les pays les plus pauvres ne diminue pas et ne se nivelle pas mais augmente toujours davantage et, naturellement, au détriment des seconds. Il est évident que cela ne peut pas demeurer sans effet sur la politique locale du travail ni sur la situation du travailleur dans les sociétés économiquement désavantagés. L'employeur direct qui se trouve dans un tel système de conditionnements fixe les conditions du travail au-dessous des exigences objectives des travailleurs, surtout s'il veut lui-même tirer le profit le plus élevé possible de l'entreprise qu'il dirige (ou des entreprises qu'il dirige lorsqu'il s'agit d'une situation de propriété « socialisée » des moyens de production).

Ce cadre des dépendances relatives au concept d'employeur indirect est, comme il est facile de le déduire, extrêmement étendu et complexe. Pour le déterminer, on doit prendre en considération, en un certain sens, *l'ensemble* des éléments décisifs pour la vie économique *dans le contexte d'une société ou d'un État donnés;* mais on doit également tenir compte de liaisons et de dépendances beaucoup plus vastes. La mise en œuvre des droits du travailleur ne peut cependant pas être condamnée à constituer seulement une conséquence des systèmes économiques qui, à une échelle plus ou moins large, auraient surtout pour critère le profit maximum. Au contraire, c'est précisément la prise en considération des droits objectifs du travailleur, quel qu'en soit le type : travailleur manuel, intellectuel, industriel ou agricole, etc., qui doit constituer *le critère adéquat et fondamental* de la formation de toute l'économie, aussi bien à l'échelle de chaque société ou de chaque État qu'à celle de l'ensemble de la politique économique mondiale ainsi que des systèmes et des rapports internationaux qui en dérivent.

C'est dans cette direction que devrait s'exercer l'action de toutes les *Organisations internationales* dont c'est la vocation, à commencer par l'Organisation des Nations Unies. Il semble que l'Organisation Internationale du Travail (OIT) ainsi que l'Organisation des Nations Unies pour l'alimentation et l'agriculture (FAO) et d'autres encore aient à apporter de nouvelles contributions précisément dans ce domaine. Dans le cadre des différents États, il y a des ministères, *des organismes du pouvoir public* et aussi divers *organismes sociaux* institués dans ce but. Tout cela indique efficacement la grande importance que revêt, comme on l'a dit ci-dessus, l'employeur indirect dans la mise en œuvre du plein respect des droits du travailleur, parce que les droits de la personne humaine constituent l'élément clé de tout l'ordre moral social.

18. Le problème de l'emploi

En considérant les droits des travailleurs en relation avec cet « employeur indirect », c'est-à-dire en relation avec l'ensemble des instances qui, aux niveaux national et international, sont responsables de l'orientation de la politique du travail, on doit porter son attention avant tout sur un *problème fondamental.* Il s'agit de la question d'avoir un travail, ou, en d'autres termes, du problème *qui consiste à trouver un emploi adapté à tous les sujets qui en sont capables.* Le contraire d'une situation juste et correcte dans ce domaine est le chômage, c'est-à-dire le manque d'emplois pour les sujets capables de travailler. Il peut s'agir de manque de travail en général ou dans des secteurs déterminés. Le rôle des instances dont on parle ici sous le nom d'employeur indirect est d'*agir contre le chômage*, qui est toujours un mal et, lorsqu'il en arrive à certaines dimensions, peut devenir une véritable calamité sociale. Il devient un problème particulièrement douloureux lorsque sont frappés principalement les jeunes qui, après s'être préparés par une formation culturelle, technique et professionnelle appropriée, ne réussissent pas à trouver un emploi et, avec une grande peine, voient frustrées leur volonté sincère de travailler et leur disponibilité à assumer leur propre responsabilité dans le développement économique et social de la communauté. L'obligation de prestations en faveur des chômeurs, c'est-à-dire le devoir d'assurer les subventions indispensables à la subsistance des chômeurs et de leurs familles, est un devoir qui découle du principe fondamental de l'ordre moral en ce domaine, c'est-à-dire du principe de l'usage commun des biens ou, pour s'exprimer de manière encore plus simple, du droit à la vie et à la subsistance.

Pour faire face au danger du chômage et assurer un travail à chacun, les instances qui ont été définies ici comme employeur indirect doivent pourvoir à une *planification globale* qui soit en fonction de ce chantier de travail différencié au sein duquel se forme la vie non seulement économique mais aussi culturelle d'une société donnée; elles doivent faire attention, en outre, à l'organisation correcte et rationnelle du travail dans ce chantier. Ce souci global pèse en définitive sur l'État mais il ne peut signifier une centralisation opérée unilatéralement par les pouvoirs publics. Il s'agit au contraire d'une *coordination* juste et rationnelle dans le cadre de laquelle doit être *garantie l'initiative* des personnes, des groupes libres, des centres et des ensembles de travail locaux, en tenant compte de ce qui a déjà été dit ci-dessus au sujet du caractère subjectif du travail humain.

Le fait de la dépendance réciproque des diverses sociétés et des divers États ainsi que la nécessité de collaborer en divers domaines exigent que, tout en maintenant les droits souverains des États en matière de planification et d'organisation du travail à l'échelle de chaque société, on agisse en même temps, en ce secteur important, dans le cadre de la *collaboration internationale* et que l'on signe les traités et les accords nécessaires. Là aussi, il est indispensable que le critère de ces traités et de ces accords devienne toujours davantage le travail humain, compris comme un droit fondamental de tous les hommes, le travail qui donne à tous des droits analogues de telle sorte que le niveau de vie des travailleurs dans les diverses sociétés soit *de moins en moins marqué par ces différences choquantes* qui, dans leur injustice, sont susceptibles de provoquer de violentes réactions. Les Organisations internationales ont des tâches immenses à accomplir dans ce secteur. Il est nécessaire qu'elles se laissent guider par une évaluation exacte de la complexité des situations ainsi que des conditionnements naturels, historiques, sociaux, etc.; il est nécessaire aussi qu'elles aient, face aux plans d'action établis en commun, un meilleur fonctionnement, c'est-à-dire davantage d'efficacité réalisatrice.

C'est en cette direction que peut se mettre en œuvre le plan d'un progrès universel et harmonieux de tous, conformément au fil conducteur de l'encyclique

Populorum progressio de Paul VI. Il faut souligner que l'élément constitutif et en même temps *la vérification* la plus adéquate de ce *progrès* dans l'esprit de justice et de paix que l'Église proclame et pour lequel elle ne cesse de prier le Père de tous les hommes et de tous les peuples, est *la réévaluation continue du travail humain,* sous l'aspect de sa finalité objective comme sous l'aspect de la dignité du sujet de tout travail qu'est l'homme. Le progrès dont on parle doit s'accomplir grâce à l'homme et pour l'homme, et il doit produire des fruits dans l'homme. Une vérification du progrès sera la reconnaissance toujours plus consciente de la finalité du travail et le respect toujours plus universel des droits qui lui sont inhérents, conformément à la dignité de l'homme, sujet du travail.

Une planification rationnelle et une organisation adéquate du travail humain, à la mesure des diverses sociétés et des divers États, devraient faciliter aussi la découverte des justes proportions entre les divers types d'activités : le travail de la terre, celui de l'industrie, des multiples services, le travail intellectuel comme le travail scientifique ou artistique, selon les capacités de chacun et pour le bien commun de la société et de toute l'humanité. A l'organisation de la vie humaine selon les possibilités multiples du travail devrait correspondre un *système d'instruction et d'éducation* adapté, qui ait avant tout comme but le développement de l'humanité et sa maturité, mais aussi la formation spécifique nécessaire pour occuper de manière profitable une juste place dans le chantier de travail vaste et socialement différencié.

En jetant les yeux sur l'ensemble de la famille humaine, répandue sur toute la terre, on ne peut pas ne pas être frappé par un *fait déconcertant* d'immense proportion : alors que d'une part des ressources naturelles importantes demeurent inutilisées, il y a d'autre part des foules de chômeurs, de sous-employés, d'immenses multitudes d'affamés. Ce fait tend sans aucun doute à montrer que, à l'intérieur de chaque communauté politique comme dans les rapports entre elles au niveau continental et mondial – pour ce qui concerne l'organisation du travail et de l'emploi – il y a quelque chose qui ne va pas, et cela précisément sur les points les plus critiques et les plus importants au point de vue social.

19. Salaire et autres prestations sociales

Après avoir décrit à grands traits le rôle important que tient le souci de donner un emploi à tous les travailleurs pour assurer le respect des droits inaliénables de l'homme par rapport à son travail, il convient d'aborder plus directement ces droits qui, en définitive, se forment dans le rapport *entre le travailleur et l'employeur direct.* Tout ce qui a été dit jusqu'ici sur le thème de l'employeur indirect a pour but de préciser de plus près ces rapports grâce à la démonstration des multiples conditionnements à l'intérieur desquels ils se forment indirectement. Cette considération, cependant, n'a pas un sens purement descriptif; elle n'est pas un bref traité d'économie ou de politique. Il s'agit de mettre en évidence *l'aspect déontologique et moral.* Le problème clé de l'éthique sociale dans ce cas est celui de *la juste rémunération* du travail accompli. Dans le contexte actuel, il n'y a pas de manière plus importante de réaliser la justice dans les rapports entre travailleurs et employeurs que la rémunération du travail. Indépendamment du fait que le travail s'effectue dans le système de la propriété privée des moyens de production ou dans un système où cette propriété a subi une sorte de « socialisation », le rapport entre employeur (avant tout direct) et travailleur se résout sur la base du salaire, c'est-à-dire par la juste rémunération du travail accompli.

Il faut relever aussi que la justice d'un système socio-économique, et, en tout cas, son juste fonctionnement, doivent être appréciés en définitive d'après la manière dont on rémunère équitablement le travail humain dans ce système. Sur ce point, nous en arrivons de nouveau au premier principe de tout l'ordre éthico-social, c'est-à-dire *au principe de l'usage commun des biens.* En tout système, indépendamment des rapports fondamentaux qui existent entre le capital et le travail, le salaire, c'est-à-dire *la rémunération du travail,* demeure la *voie* par laquelle la très grande majorité des hommes peut accéder *concrètement* aux biens qui sont destinés à l'usage commun, qu'il s'agisse des biens naturels ou des biens qui sont le fruit de la production. Les uns et les autres deviennent accessibles au travailleur grâce au salaire qu'il reçoit comme rémunération de son travail. Il découle de là que le juste salaire devient en chaque cas la *vérification concrète de la justice* de tout le système socio-économique et en tout cas de son juste fonctionnement. Ce n'en est pas l'unique vérification, mais celle-ci est particulièrement importante et elle en est, en un certain sens, la vérification clé.

Cette vérification concerne avant tout la famille. Une juste rémunération du travail de l'adulte chargé de famille est celle qui sera suffisante pour fonder et faire vivre dignement sa famille et pour en assurer l'avenir. Cette rémunération peut être réalisée soit par l'intermédiaire de ce qu'on appelle le *salaire familial*, c'est-à-dire un salaire unique donné au chef de famille pour son travail, et qui est suffisant pour les besoins de sa famille sans que son épouse soit obligée de prendre un travail rétribué hors de son foyer, soit par l'intermédiaire *d'autres mesures sociales*, telles que les allocations familiales ou les allocations de la mère au foyer, allocations qui doivent correspondre aux besoins effectifs, c'est-à-dire au nombre de personnes à charge durant tout le temps où elles ne sont pas capables d'assumer dignement la responsabilité de leur propre vie.

L'expérience confirme qu'il est nécessaire de s'employer en faveur de la *revalorisation sociale des fonctions maternelles*, du labeur qui y est lié, et du besoin que les enfants ont de soins, d'amour et d'affection pour être capables de devenir des personnes responsables, moralement et religieusement adultes, psychologiquement équilibrées. Ce sera l'honneur de la société d'assurer à la mère – sans faire obstacle à sa liberté, sans discrimination psychologique ou pratique, sans qu'elle soit pénalisée par rapport aux autres femmes – la possibilité d'élever ses enfants et de se consacrer à leur éducation selon les différents besoins de leur âge. Qu'elle soit contrainte à abandonner ces tâches pour prendre un emploi rétribué hors de chez elle n'est pas juste du point de vue du bien de la société et de la famille si cela contredit ou rend difficiles les buts premiers de la mission maternelle [26].

26. Cf. Conc. Œcum. Vat. II, const. past. sur l'Église dans le monde de ce temps *Gaudium et spes*, 67: *AAS* 58 (1966), p. 1089.

Dans ce contexte, on doit souligner que, d'une façon plus générale, il est nécessaire d'organiser et d'adapter tout le processus du travail de manière à respecter les exigences de la personne et ses formes de vie, et avant tout de sa vie de famille, en tenant compte de l'âge et du sexe de chacun. C'est un fait que, dans beaucoup de sociétés, les femmes travaillent dans presque tous les secteurs de la vie. Il convient cependant qu'elles puissent remplir pleinement leurs tâches *selon le caractère qui leur est propre,* sans discrimination et sans exclusion des emplois dont elles sont capables, mais aussi sans manquer au respect de leurs aspirations familiales et du rôle spécifique qui leur revient, à côté de l'homme, dans la formation du bien commun de la société. *La vraie promotion de la femme* exige que le travail soit structuré de manière qu'elle ne soit pas obligée de payer sa promotion par l'abandon de sa propre spécificité et au détriment de sa famille dans laquelle elle a, en tant que mère, un rôle irremplaçable.

A côté du salaire, entrent encore ici en jeu diverses *prestations sociales* qui ont pour but d'assurer la vie et la santé des travailleurs et de leurs familles. Les dépenses concernant les soins de santé nécessaires, spécialement en cas d'accident du travail, exigent que le travailleur ait facilement accès à l'assistance sanitaire et cela, dans la mesure du possible, à prix réduit ou même gratuitement. Un autre secteur qui concerne les prestations est celui du *droit au repos :* il s'agit avant tout ici du repos hebdomadaire régulier, comprenant au moins le dimanche, et en outre d'un repos plus long, ce qu'on appelle le congé annuel, ou éventuellement le congé pris en plusieurs fois au cours de l'année en périodes plus courtes. Enfin, il s'agit ici du droit à la retraite, à l'assurance vieillesse et à l'assurance pour les accidents du travail. Dans le cadre de ces droits principaux, tout un système de droits particuliers se développe : avec la rémunération du travail, ils sont l'indice d'une juste définition des rapports entre le travailleur et l'employeur. Parmi ces droits, il ne faut jamais oublier le droit à des lieux et des méthodes de travail qui ne portent pas préjudice à la santé physique des travailleurs et qui ne blessent pas leur intégrité morale.

20. L'importance des syndicats

Sur le fondement de tous ces droits et en relation avec la nécessité où sont les travailleurs de les défendre eux-mêmes, se présente un autre droit : *le droit d'association*, c'est-à-dire le droit de s'associer, de s'unir, pour défendre les intérêts vitaux des hommes employés dans les différentes professions. Ces unions portent le nom de *syndicats*. Les intérêts vitaux des travailleurs sont, jusqu'à un certain point, communs à tous; en même temps, cependant, chaque genre de travail, chaque profession a une spécificité propre, qui devrait se refléter de manière particulière dans ces organisations.

Les syndicats ont en un certain sens pour ancêtres les anciennes corporations d'artisans du moyen-âge, dans la mesure où ces organisations regroupaient des hommes du même métier, c'est-à-dire les regroupaient *en fonction de leur travail*. Mais les syndicats diffèrent des corporations sur un point essentiel : les syndicats modernes ont grandi à partir de la lutte des travailleurs, du monde du travail et surtout des travailleurs de l'industrie, pour la sauvegarde de leurs *justes droits* vis-à-vis des entrepreneurs et des propriétaires des moyens de production. Leur tâche consiste dans la défense des intérêts existentiels des travailleurs dans tous les secteurs où leurs droits sont en cause. L'expérience historique apprend que les organisations de ce type sont un *élément indispensable de la vie sociale,* particulièrement dans les sociétés modernes industrialisées. Cela ne signifie évidemment pas que seuls les ouvriers de l'industrie puissent constituer des associations de ce genre. Les représentants de toutes les professions peuvent s'en servir pour défendre leurs droits respectifs. En fait, il y a des syndicats d'agriculteurs et des syndicats de travailleurs intellectuels; il y a aussi des organisations patronales. Ils se subdivisent tous, comme on l'a déjà dit, en groupes et sous-groupes selon les spécialisations professionnelles.

La doctrine sociale catholique ne pense pas que les syndicats soient seulement le reflet d'une structure « de classe » de la société; elle ne pense pas qu'ils soient les porte-parole d'une lutte de classe qui gouvernerait inévitablement la vie sociale. Certes, ils sont *les porte-parole de la lutte pour la justice sociale,* pour les justes droits des travailleurs selon leurs diverses professions. Cependant, cette « lutte » doit être comprise comme un engagement normal « en vue » du juste bien : ici, du bien qui correspond aux besoins et aux mérites des travailleurs associés selon leurs professions; mais *elle n'est pas une « lutte contre » les autres.* Si, dans les questions controversées, elle prend un caractère d'opposition aux autres, cela se produit parce qu'on recherche le bien qu'est la justice sociale, et non pas la « lutte » pour elle-même, ou l'élimination de l'adversaire. La caractéristique du travail est avant tout d'unir les hommes et c'est en cela que consiste sa force sociale : la force de construire une communauté. En définitive, dans cette communauté, doivent s'unir de quelque manière et les travailleurs et ceux qui disposent des moyens de production ou en sont propriétaires. *A la lumière de cette structure fondamentale* de tout travail – à la lumière du fait que, en définitive, le « travail » et le « capital » sont les composantes indispensables de la production dans quelque système social que ce soit –, l'union des hommes pour défendre les droits qui leur reviennent, née des exigences du travail, demeure un élément créateur d'*ordre social* et de *solidarité,* élément dont on ne saurait faire abstraction.

Les justes efforts pour défendre les droits des travailleurs unis dans la même profession doivent toujours tenir compte des limitations imposées par la situation économique générale du pays. Les requêtes syndicales ne peuvent pas se transformer en une sorte d'*« égoïsme » de groupe ou de classe,* bien qu'elles puissent et doivent tendre à corriger aussi, eu égard au bien commun de toute la société, tout ce qui est défectueux dans le système de propriété des moyens de production ou dans leur gestion et leur usage. La vie sociale et économico-sociale est certainement comme un système de « vases communicants » et chaque activité sociale qui a pour but de sauvegarder les droits des groupes particuliers doit s'y adapter.

En ce sens, l'activité des syndicats entre de manière indubitable dans le domaine de la *« politique »* entendue comme *un souci prudent du bien commun.* Mais, en même temps, le rôle des syndicats n'est pas de

« faire de la politique » au sens que l'on donne généralement aujourd'hui à ce terme. Les syndicats n'ont pas le caractère de « partis politiques » qui luttent pour le pouvoir, et ils ne devraient jamais non plus être soumis aux décisions des partis politiques ni avoir des liens trop étroits avec eux. En effet, si telle est leur situation, ils perdent facilement le contact avec ce qui est leur rôle spécifique, celui de défendre les justes droits des travailleurs dans le cadre du bien commun de toute la société, et ils deviennent, au contraire, *un instrument pour d'autres buts.*

Parlant de la sauvegarde des justes droits des travailleurs selon leurs diverses professions, il faut naturellement avoir toujours davantage devant les yeux ce dont dépend le caractère subjectif du travail dans chaque profession, mais en même temps ou avant tout ce qui conditionne la dignité propre du sujet qui travaille. Ici s'ouvrent de multiples possibilités pour l'action des organisations syndicales, y compris leur *engagement en faveur de l'enseignement, de l'éducation et de la promotion de l'auto-éducation.* L'action des écoles, de ce qu'on appelle les « universités ouvrières » ou « populaires », des programmes et des cours de formation qui ont développé et développent encore ce type d'activité, est très méritante. On doit toujours souhaiter que, grâce à l'action de ses syndicats, le travailleur non seulement puisse « avoir » plus, mais aussi et surtout puisse « être » davantage, c'est-à-dire qu'il puisse réaliser plus pleinement son humanité sous tous ses aspects.

En agissant pour les justes droits de leurs membres, les syndicats ont *également recours au procédé de la « grève »,* c'est-à-dire de l'arrêt du travail conçu comme une sorte d'ultimatum adressé aux organismes compétents et, avant tout, aux employeurs. C'est un procédé que la doctrine sociale catholique reconnaît comme légitime sous certaines conditions et dans de justes limites. Les travailleurs devraient se voir assurer *le droit de grève* et ne pas subir des sanctions pénales personnelles pour leur participation à la grève. Tout en admettant que celle-ci est un moyen juste et légitime, on doit également souligner qu'elle demeure, en un sens, un moyen extrême. *On ne peut pas en abuser;* on ne peut pas en abuser spécialement pour faire le jeu de la politique. En outre, on ne peut jamais oublier que, lorsqu'il s'agit de services essentiels à la vie de la société, ces derniers doivent être toujours assurés, y compris, si c'est nécessaire, par des mesures légales adéquates. L'abus de la grève peut conduire à la paralysie de toute la vie socio-économique. Or cela est contraire aux exigences du bien commun de la société qui correspond également à la nature bien comprise du travail lui-même.

21. Dignité du travail agricole

Tout ce qui a été dit précédemment sur la dignité du travail, sur la dimension objective et subjective du travail de l'homme, s'applique directement au problème du travail agricole et à la situation de l'homme qui cultive la terre par le dur labeur des champs. Il s'agit en effet d'un secteur très vaste du milieu de travail de notre planète, secteur qui ne se limite point à l'un ou l'autre des continents ni non plus aux sociétés qui sont déjà parvenues à un certain niveau de développement et de progrès. Le monde agricole, qui offre à la société les biens nécessaires à son alimentation quotidienne, a *une importance fondamentale.* Les conditions du monde rural et du travail agricole ne sont pas égales partout, et les situations sociales des travailleurs agricoles sont différentes selon les pays. Cela ne dépend pas seulement du degré de développement de la technique agricole, mais aussi, et peut-être plus encore, de la reconnaissance des justes droits des travailleurs agricoles, et enfin du niveau de conscience dans le domaine de toute l'éthique sociale du travail.

Le travail des champs connaît de lourdes difficultés, telles que l'effort physique prolongé et parfois exténuant, le peu d'estime que la société lui accorde au point de créer chez les agriculteurs le sentiment d'être socialement des marginaux et d'accélérer parmi eux le phénomène de l'exode massif de la campagne vers les villes et, malheureusement, vers des conditions de vie encore plus déshumanisantes. S'ajoutent à tout cela le manque de formation professionnelle adéquate et d'outils appropriés, un certain individualisme latent, et aussi des *situations objectivement injustes.* En certains pays en voie de développement, des millions d'hommes sont obligés de cultiver les terres d'autrui et sont exploités par les grands propriétaires fonciers, sans espoir de pouvoir jamais accéder personnellement à la possession du moindre morceau de terre. Il n'existe aucune forme de protection légale de la personne du travailleur agricole et de sa famille en cas de vieillesse, de maladie ou de chômage. De longues journées de dur travail physique sont misérablement payées. Des terres cultivables sont laissées à l'abandon par les propriétaires; des titres légaux de possession d'un petit terrain, cultivé en compte propre depuis des années, sont tenus pour rien ou ne peuvent être défendus devant la « faim de terre » qui anime des individus ou des groupes plus puissants. Mais même dans les pays économiquement développés, où la recherche scientifique, les conquêtes technologiques ou la politique de l'État ont porté l'agriculture à un niveau très avancé, le droit au travail peut être lésé lorsqu'on refuse au paysan la faculté de participer aux choix qui déterminent ses prestations de travail, ou quand est nié le droit à la libre association en vue de la juste promotion sociale, culturelle et économique du travailleur agricole.

Dans de nombreuses situations, des changements radicaux et urgents sont donc nécessaires pour redonner à l'agriculture – et aux cultivateurs – leur juste valeur *comme base d'une saine économie*, dans l'ensemble du développement de la communauté sociale. C'est pourquoi il faut proclamer et promouvoir la dignité du travail, de tout travail, et spécialement du travail agricole, grâce auquel l'homme, de manière si éloquente, « soumet » la terre reçue comme un don de Dieu et affermit sa « domination » sur le monde visible.

22. La personne handicapée et le travail

Récemment, les communautés nationales et les organisations internationales ont porté leur attention sur un autre problème lié au travail et qui comporte de nombreuses conséquences : celui des personnes handicapées. Elles sont, elles aussi, des sujets pleinement humains et elles possèdent à ce titre des droits innés, sacrés et inviolables, qui, en dépit des limites et des souffrances inscrites dans leur corps et dans leurs facultés, mettent davantage en relief la dignité et la grandeur de l'homme. Puisque la personne handicapée est un sujet doté de tous ses droits, on doit lui faciliter la participation à la vie de la société dans toutes ses dimensions et à tous les niveaux qui sont accessibles à ses capacités. La personne handicapée est l'un de nous et participe pleinement à notre humanité. Il serait profondément indigne de l'homme et ce serait une négation de l'humanité commune de n'admettre à la vie sociale, et donc au travail, que des membres dotés du plein usage de leurs moyens, car, en agissant ainsi, on retomberait dans *une forme importante de discrimination*, celle des gens forts et sains contre les personnes faibles et les malades. Le travail au sens objectif doit être subordonné, même dans ce cas, à la dignité de l'homme, au sujet du travail, et non à l'avantage économique.

Il revient donc aux diverses instances impliquées dans le monde du travail, à l'employeur direct comme à l'employeur indirect, de promouvoir par des mesures efficaces et appropriées le droit de la personne handicapée à la formation professionnelle et au travail, de telle sorte qu'elle puisse trouver place dans une activité productrice dont elle soit capable. Ici se posent de nombreux problèmes d'ordre pratique, légal et aussi économique; mais il revient à la communauté, c'est-à-dire aux autorités publiques, aux associations et aux groupes intermédiaires, aux entreprises et aux handicapés eux-mêmes, de mettre en commun idées et ressources pour parvenir au but auquel on ne saurait renoncer, à savoir *que soit offert un travail aux personnes handicapées, selon leurs possibilités*, parce que leur dignité d'hommes et de sujets du travail le requiert.

Chaque communauté saura se donner les structures adaptées pour trouver ou pour créer des postes de travail pour ces personnes, soit dans les entreprises publiques ou privées, qui leur offriront un poste de travail ordinaire ou adapté à leur cas, soit dans les entreprises et les milieux dits « protégés ».

Une grande attention devra être portée, comme pour tous les autres travailleurs, aux conditions de travail physiques et psychologiques des handicapés, à leur juste rémunération, à leur possibilité de promotion, et à l'élimination des divers obstacles. Sans se cacher qu'il s'agit d'une tâche complexe et difficile, on peut souhaiter *qu'une conception exacte du travail au sens subjectif* permette d'atteindre une situation qui donne à la personne handicapée la possibilité de se sentir, non point en marge du monde du travail ou en dépendance de la société, mais comme un sujet du travail de plein droit, utile, respecté dans sa dignité humaine et appelé à contribuer au progrès et au bien de sa famille et de la communauté selon ses propres capacités.

23. Le travail et le problème de l'émigration

Il faut enfin dire au moins quelques mots sur la question de *l'émigration pour cause de travail.* il y a là un phénomène ancien mais qui se répète sans cesse et prend même aujourd'hui des dimensions de nature à compliquer la vie actuelle. L'homme a le droit de quitter son pays d'origine pour divers motifs – comme aussi d'y retourner – et de chercher de meilleures conditions de vie dans un autre pays. Ce fait, assurément, n'est pas dépourvu de difficultés de nature diverse. Avant tout, il constitue, en général, une perte pour le pays d'où on émigre. C'est l'éloignement d'un homme qui est en même temps membre d'une grande communauté unifiée par son histoire, sa tradition, sa culture, et qui recommence une vie au milieu d'une autre société, unifiée par une autre culture et très souvent aussi par une autre langue. Dans ce cas, vient à manquer *un sujet du travail* qui, par l'effort de sa pensée ou de ses mains, pourrait contribuer à l'augmentation du bien commun dans son pays; et voici que cet effort, cette contribution sont donnés à une autre société, qui en un certain sens y a moins droit que la patrie d'origine.

Et pourtant, même si l'émigration est sous certains aspects un mal, celui-ci est, en des circonstances déterminées, ce que l'on appelle un mal nécessaire. On doit tout faire – et on fait assurément beaucoup dans ce but – pour que ce mal au sens matériel ne comporte pas de plus importants *dommages au sens moral*, pour qu'au contraire, et autant que possible, il apporte même un bien dans la vie personnelle, familiale et sociale de l'émigré, par rapport au pays d'arrivée comme par rapport au pays de départ. En ce domaine, énormément de choses dépendent d'une juste législation, en particulier quand il s'agit des droits du travailleur. On comprend que ce problème ait sa place dans le contexte des présentes considérations, surtout de ce point de vue.

La chose la plus importante est que l'homme qui travaille en dehors de son pays natal comme émigré permanent ou comme travailleur saisonnier ne soit pas *désavantagé* dans le domaine des droits relatifs au travail par rapport aux autres travailleurs de cette société. L'émigration pour motif de travail ne peut d'aucune manière devenir une occasion d'exploitation financière ou sociale. En ce qui concerne la relation de travail avec le travailleur immigré doivent valoir les mêmes critères que pour tout autre travailleur de la société. La valeur du travail doit être estimée avec la même mesure et non en considération de la différence de nationalité, de religion ou de race. A plus forte raison *ne peut-on exploiter la situation de contrainte* dans laquelle se trouve l'immigré. Toutes ces circonstances doivent catégoriquement céder – naturellement après qu'aient été prises en considération les qualifications spéciales – devant la valeur fondamentale du travail, valeur qui est liée à la dignité de la personne humaine. Il faut répéter encore une fois le principe fondamental : la hiérarchie des valeurs, le sens profond du travail exigent que le capital soit au service du travail et non le travail au service du capital.

V

ÉLÉMENTS POUR UNE SPIRITUALITÉ DU TRAVAIL

24. Rôle particulier de l'Église

Il convient de consacrer la dernière partie de ces réflexions, faites sur le thème du travail à l'occasion du quatre-vingt-dixième anniversaire de l'encyclique *Rerum novarum,* à la spiritualité du travail au sens chrétien du terme. Étant donné que le travail dans sa dimension subjective est toujours une action personnelle, *actus personae,* il en découle que c'est *l'homme tout entier qui y participe, avec son corps comme avec son esprit,* indépendamment du fait qu'il soit un travail manuel ou intellectuel. C'est également à l'homme entier qu'est adressée la parole du Dieu vivant, le message évangélique du salut dans lequel on trouve de nombreux enseignements qui, tels des lumières particulières, concernent le travail humain. Il faut donc bien assimiler ces enseignements : il faut l'effort intérieur de l'esprit guidé par la foi, l'espérance et la charité, pour *donner au travail* de l'homme concret, grâce à ces enseignements, *le sens qu'il a aux yeux de Dieu* et par lequel il entre dans l'œuvre du salut comme un de ses éléments à la fois ordinaires et particulièrement importants.

Si l'Église considère comme son devoir de se prononcer au sujet du travail du point de vue de sa valeur humaine et de l'ordre moral dont il fait partie, si elle reconnaît en cela l'une des tâches importantes que comporte son service de l'ensemble du message évangélique, elle voit en même temps qu'elle a le devoir particulier de *former une spiritualité du travail* susceptible d'aider tous les hommes à s'avancer grâce à lui vers Dieu, Créateur et Rédempteur, à participer à son plan de salut sur l'homme et le monde, et à approfondir dans leur vie l'amitié avec le Christ, en participant par la foi de manière vivante à sa triple mission de prêtre, de prophète et de roi, comme l'enseigne en des expressions admirables le Concile Vatican II.

25. Le travail comme participation à l'œuvre du Créateur

Comme dit le Concile Vatican II, « pour les croyants, une chose est certaine : l'activité humaine, individuelle et collective, le gigantesque effort par lequel les hommes, tout au long des siècles, s'acharnent à améliorer leurs conditions de vie, considéré en lui-même, correspond au dessein de Dieu. L'homme, créé à l'image de Dieu, a en effet reçu la mission de soumettre la terre et tout ce qu'elle contient, de gouverner le cosmos en sainteté et justice et, en reconnaissant Dieu comme Créateur de toutes choses, de lui référer son être ainsi que l'univers : en sorte que, tout étant soumis à l'homme, le nom même de Dieu soit glorifié par toute la terre [27] ».

27. Conc. Œcum. Vat. II, const. past. sur l'Église dans le monde de ce temps *Gaudium et Spes*, 34: *AAS* 58 (1966), pp. 1052-1053.

Dans les paroles de la Révélation divine, on trouve très profondément inscrite cette vérité fondamentale que *l'homme,* créé à l'image de Dieu, *participe par son travail à l'œuvre du Créateur,* et continue en un certain sens, à la mesure de ses possibilités, à la développer et à la compléter, en progressant toujours davantage dans la découverte des ressources et des valeurs incluses dans l'ensemble du monde créé. Nous trouvons cette vérité dès le commencement de la Sainte Écriture, dans le livre de la *Genèse,* où l'œuvre même de la création est présentée sous la forme d'un « travail » accompli par Dieu durant « six jours »[28] et aboutissant au « repos » du septième jour[29]. D'autre part, le dernier livre de la Sainte Écriture résonne encore des mêmes accents de respect pour l'œuvre que Dieu a accomplie par son « travail » créateur lorsqu'il proclame : « Grandes et admirables sont tes œuvres, ô Seigneur Dieu toutpuissant[30] », proclamation qui fait écho à celle du livre de la *Genèse* dans lequel la description de chaque jour de la création s'achève par l'affirmation : « Et Dieu vit que cela était bon[31] ».

Cette description de la création, que nous trouvons déjà dans le premier chapitre de la Genèse, est en même temps et *en un certain sens le premier « évangile du travail ».* Elle montre en effet en quoi consiste sa dignité : elle enseigne que, par son travail, l'homme doit imiter Dieu, son Créateur, parce qu'il porte en soi – et il est seul à le faire – l'élément particulier de ressemblance avec Lui. L'homme doit imiter Dieu lorsqu'il travaille comme lorsqu'il se

28. Cf. *Gn* 2, 2; *Ex* 20, 8. 11; *Dt* 5, 12-14.
29. Cf. *Gn* 2, 3.
30. *Ap* 15, 3.
31. *Gn* 1, 4. 10. 12. 18. 21. 25. 31.

repose, étant donné que Dieu lui-même a voulu lui présenter son œuvre créatrice ***sous la forme du travail et sous celle du repos.*** Cette œuvre de Dieu dans le monde continue toujours, comme l'attestent ces paroles du Christ : « Mon Père agit toujours... »[32]; il agit par sa puissance créatrice, en soutenant dans l'existence le monde qu'il a appelé du néant à l'être, et il agit par sa puissance salvifique dans les cœurs des hommes qu'il a destinés dès le commencement au « repos »[33] en union avec lui, dans la « maison du Père »[34]. C'est pourquoi le travail de l'homme, lui aussi, non seulement exige le repos chaque « septième jour »[35], mais en outre ne peut se limiter à la seule mise en œuvre des forces humaines dans l'action extérieure : il doit laisser un espace intérieur dans lequel l'homme, en devenant toujours davantage ce qu'il doit être selon la volonté de Dieu, se prépare au ***« repos » que le Seigneur réserve à ses serviteurs et amis***[36].

La conscience que le travail humain est une participation à l'œuvre de Dieu doit, comme l'enseigne le Concile, imprégner même « ***les activités les plus quotidiennes.*** Car ces hommes et ces femmes qui, tout en gagnant leur vie et celle de leur famille, mènent leurs activités de manière à bien servir la société, sont fondés à voir dans leur travail un prolongement de l'œuvre du Créateur, un service de leurs frères, un apport personnel à la réalisation du plan providentiel dans l'histoire[37] ».

32. *Jn* 5, 17.
33. *He* 4, 1. 9-10.
34. *Jn* 14, 2.
35. *Dt* 5, 12-14; *Ex* 20, 8-12.
36. Cf. *Mt* 25, 21.
37. Conc. Œcum. Vat. II, const. past. sur l'Église dans le monde de ce temps *Gaudium et spes,* 34: *AAS* 58 (1966), pp. 1052-1053.

Il faut donc que cette spiritualité chrétienne du travail devienne le patrimoine commun de tous. Il faut que, surtout à l'époque actuelle, la *spiritualité* du travail manifeste la maturité qu'exigent les tensions et les inquiétudes des esprits et des cœurs : « Loin de croire que les conquêtes du génie et du courage de l'homme s'opposent à la puissance de Dieu et de considérer la créature raisonnable comme une sorte de rivale du Créateur, les chrétiens sont au contraire bien persuadés que les victoires du genre humain sont un signe de la grandeur divine et une conséquence de son dessein ineffable. Mais plus grandit le pouvoir de l'homme, plus s'élargit le champ de ses responsabilités, personnelles et communautaires... Le *message chrétien* ne détourne pas les hommes de la construction du monde et ne les incite pas à se désintéresser du sort de leurs semblables : il leur en fait au contraire un devoir plus pressant [38]. »

La conscience de participer par le travail à l'œuvre de la création constitue la *motivation la plus profonde* pour l'entreprendre dans divers secteurs : « C'est pourquoi les fidèles – lisons-nous dans la constitution *Lumen gentium* – doivent reconnaître la nature profonde de toute la création, sa valeur et sa finalité qui est la gloire de Dieu; ils doivent, même à travers des activités proprement séculières, s'aider mutuellement en vue d'une vie plus sainte, afin que le monde s'imprègne de l'Esprit du Christ et atteigne plus efficacement sa fin dans la justice, la charité et la paix... Par leur compétence dans les disciplines profanes et par leur activité que la grâce du Christ élève au-dedans, qu'ils s'appliquent de

38. *Ibid.*

toutes leurs forces à obtenir que les biens créés soient cultivés..., selon les fins du Créateur et l'illumination de son Verbe, grâce au travail de l'homme, à la technique et à la culture de la cité [39]... »

26. Le Christ, l'homme du travail

Cette vérité d'après laquelle l'homme participe par son travail à l'œuvre de Dieu lui-même, son Créateur, *a été particulièrement mise en relief par Jésus-Christ,* ce Jésus dont beaucoup de ses premiers auditeurs à Nazareth « demeuraient frappés de stupéfaction et disaient : " D'où lui vient tout cela? Et quelle est la sagesse qui lui a été donnée?... N'est-ce pas là le charpentier? " [40] ». En effet, Jésus proclamait et surtout mettait d'abord en pratique l'« Évangile » qui lui avait été confié, les paroles de la Sagesse éternelle. Pour cette raison, il s'agissait vraiment de l'« évangile du travail » parce que *celui qui le proclamait était lui-même un travailleur,* un artisan comme Joseph de Nazareth [41]. Même si nous ne trouvons pas dans les paroles du Christ l'ordre particulier de travailler – mais bien plutôt, une fois, l'interdiction de se préoccuper de manière excessive du travail et des moyens de vivre [42] –, sa vie n'en a pas moins une éloquence sans équivoque : il appartient au « monde du travail »; il apprécie et il respecte le travail de l'homme; on peut même dire davantage : *il regarde avec amour ce travail* ainsi que ses diverses expressions, voyant en chacune

39. Conc. Œcum. Vat. II, const. dogm. sur l'Église *Lumen gentium,* 36: *AAS* 57 (1965), p. 41.
40. *Mc* 6, 2-3.
41. Cf. *Mt* 13, 55.
42. Cf. *Mt* 6, 25-34.

une manière particulière de manifester la ressemblance de l'homme avec Dieu Créateur et Père. N'est-ce pas lui qui dit : « Mon Père est le vigneron... [43] », transposant de diverses manières *dans son enseignement* la vérité fondamentale sur le travail exprimée déjà dans toute la tradition de l'Ancien Testament, depuis le Livre de la *Genèse?*

Dans les livres de l'Ancien Testament, les références au travail ne manquent pas, pas plus qu'aux diverses professions que l'homme exerce : le médecin [44] l'apothicaire [45], l'artisan ou l'artiste [46], le forgeron [47] – on pourrait appliquer ces paroles au travail des sidérurgistes modernes, le potier [48], l'agriculteur [49], le sage qui scrute les Écritures [50], le marin [51], le maçon [52], le musicien [53], le berger [54], le pêcheur [55]. On sait les belles paroles consacrées au travail des femmes [56]. *Dans ses paraboles* sur le Royaume de Dieu, Jésus-Christ se réfère constamment au travail : celui du berger [57], du paysan [58], du médecin [59], du semeur [60], du maître de maison [61], du servi-

43. *Jn* 15, 1.
44. Cf. *Si* 38, 1-3.
45. Cf. *Si* 38, 4-8.
46. Cf. *Ex* 31, 1-5; *Si* 38, 27.
47. Cf. *Gn* 4, 22; *Is* 44, 12.
48. Cf. *Jr* 18, 3-4; *Si* 38, 29-30.
49. Cf. *Gn* 9, 20; *Is* 5, 1-2.
50. Cf. *Qo* 12, 9-12; *Si* 39, 1-8.
51. Cf. *Ps* 107 (108), 23-30; *Sg* 14, 2-3 a.
52. Cf. *Gn* 11, 3; *2 R* 12, 12-13; 22, 5-6.
53. Cf. *Gn* 4, 21.
54. Cf. *Gn* 4, 2; 37, 3; *Ex* 3, 1; *1 S* 16, 11; et *passim.*
55. Cf. *Ez* 47, 10.
56. Cf. *Pr* 31, 15-27.
57. Par ex. *Jn* 10, 1-16.
58. Cf. *Mc* 12, 1-12.
59. Cf. *Lc* 4, 23.
60. Cf. *Mc* 4, 1-9.
61. Cf. *Mt* 13, 52.

teur[62], de l'intendant[63], du pêcheur[64], du marchand[65], de l'ouvrier[66]. Il parle aussi des divers travaux des femmes[67]. Il présente l'apostolat à l'image du travail manuel des moissonneurs[68] ou des pêcheurs[69]. Il se réfère aussi au travail des scribes[70].

Cet enseignement du Christ sur le travail, fondé sur l'exemple de sa vie durant les années de Nazareth, trouve un écho très vif *dans l'enseignement de l'apôtre Paul.* Paul, qui fabriquait probablement des tentes, se vantait de pratiquer son métier[71] grâce auquel il pouvait tout en étant apôtre, gagner seul son pain[72]. « Au labeur et à la peine nuit et jour, nous avons travaillé pour n'être à charge à aucun d'entre vous[73]. » De là découlent ses instructions au sujet du travail, qui ont un caractère *d'exhortation et de commandement :* « A ces gens-là... nous prescrivons, et nous les y exhortons dans le Seigneur Jésus-Christ : qu'ils travaillent dans le calme, pour manger un pain qui soit à eux », écrit-il aux Thessaloniciens[74]. Notant en effet que certains « vivent dans le désordre... sans rien faire[75] », l'Apôtre, dans ce contexte, n'hésite pas à dire : « Si quelqu'un ne

62. Cf. *Mt* 24, 45; *Lc* 12, 41-48.
63. Cf. *Lc* 16, 1-8.
64. Cf. *Mt* 13, 47-50.
65. Cf. *Mt* 13, 45-46.
66. Cf. *Mt* 20, 1-16.
67. Cf. *Mt* 13, 33; *Lc* 15, 8-9.
68. Cf. *Mt* 9, 37; *Jn* 4, 35-38.
69. Cf. *Mt* 4, 19.
70. Cf. *Mt* 13, 52.
71. Cf. *Ac* 18, 3.
72. Cf. *Ac* 20, 34-35.
73. *2 Th* 3, 8. Saint Paul reconnaît le droit qu'ont les missionnaires aux moyens de subsistance: *1 Co* 9, 6-14; *Ga* 6, 6; *2 Th* 3, 9; Cf. *Lc* 10, 7.
74. *2 Th* 3, 12.
75. *2 Th* 3, 11.

veut pas travailler, qu'il ne mange pas non plus[76] ». Au contraire, dans un autre passage, il *encourage :* « Quoi que vous fassiez, travaillez de toute votre âme, comme pour le Seigneur et non pour les hommes, sachant que vous recevrez du Seigneur l'héritage en récompense[77]. »

Les enseignements de l'Apôtre des nations ont, comme on le voit, une importance capitale pour la morale et la spiritualité du travail. Ils sont un complément important au grand, bien que discret, évangile du travail que nous trouvons dans la vie du Christ et dans ses paraboles, dans ce que Jésus « a fait et a enseigné[78] ».

A cette lumière émanant de la Source même, l'Église a toujours proclamé ce dont nous trouvons *l'expression contemporaine* dans l'enseignement de Vatican II : « De même qu'elle procède de l'homme, l'activité humaine lui est ordonnée. De fait, par son action, l'homme ne transforme pas seulement les choses et la société, il se parfait lui-même. Il apprend bien des choses, il développe ses facultés, il sort de lui-même et se dépasse. Cette croissance, si elle est bien comprise, est d'un tout autre prix que l'accumulation de richesses extérieures... Voici donc la règle de l'activité humaine : qu'elle serve au bien authentique de l'humanité, conformément au dessein et à la volonté de Dieu, et qu'elle permette à l'homme, considéré comme individu ou comme membre de la société, de développer et de réaliser sa vocation dans toute sa plénitude[79]. »

76. *2 Th* 3, 10.
77. *Col* 3, 23-24.
78. *Ac* 1, 1.
79. Conc. Œcum. Vat. II, const. past. sur l'Église dans le monde de ce temps *Gaudium et spes,* 35: *AAS* 58 (1966), p. 1053.

Dans une telle *vision des valeurs du travail humain,* c'est-à-dire dans une telle spiritualité du travail, on s'explique pleinement ce qu'on peut lire au même endroit de la constitution pastorale du Concile sur la *juste signification du progrès :* « L'homme vaut plus par ce qu'il est que par ce qu'il a. De même, tout ce que font les hommes pour faire régner plus de justice, une fraternité plus étendue, un ordre plus humain dans les rapports sociaux, dépasse en valeur les progrès techniques. Car ceux-ci peuvent bien fournir la base matérielle de la promotion humaine, mais ils sont tout à fait impuissants, par eux seuls, à la réaliser [80]. »

Cette doctrine sur le problème du progrès et du développement – thème si dominant dans la mentalité contemporaine – peut être comprise seulement comme fruit d'une spiritualité du travail éprouvée, et c'est *seulement sur la base d'une telle spiritualité* qu'elle peut être réalisée et mise en pratique. C'est la doctrine et en même temps le programme qui plongent leurs racines dans l'« évangile du travail ».

27. Le travail humain à la lumière de la croix et de la résurrection du Christ

Il est encore un autre aspect du travail humain, une de ses dimensions essentielles, dans lequel la spiritualité fondée sur l'Évangile pénètre profondément. *Tout travail,* qu'il soit manuel ou intellectuel, est inévitablement lié *à la peine.* Le Livre de la *Genèse* exprime ce fait de manière vraiment péné-

80. *Ibid.*

trante en opposant à la *bénédiction* originelle du travail, contenue dans le mystère même de la création et liée à l'élévation de l'homme comme image de Dieu, la *malédiction* que le *péché* porte avec lui : « Maudit soit le sol à cause de toi! Avec peine tu en tireras ta nourriture tous les jours de ta vie [81]. » Cette peine liée au travail indique la route que suivra la vie de l'homme sur la terre et constitue *l'annonce de sa mort :* « A la sueur de ton front tu mangeras ton pain jusqu'à ce que tu retournes à la terre car c'est d'elle que tu as été tiré [82]... » Comme un écho à ces paroles, un des auteurs des livres sapientiaux s'exprime ainsi : « J'ai considéré toutes les œuvres que mes mains avaient faites, et toute la peine que j'avais eue à les faire [83]... » Il n'y a pas un homme sur terre qui ne pourrait faire siennes ces paroles.

L'Évangile annonce, en un certain sens, sa parole ultime – même à ce sujet – dans le mystère pascal de Jésus-Christ. Et c'est là qu'il faut chercher la réponse à ces problèmes, si importants pour la spiritualité du travail humain. *Dans le mystère pascal est contenue la croix du Christ,* son obéissance jusqu'à la mort, que l'Apôtre oppose à la désobéissance qui a pesé dès son commencement sur l'histoire de l'homme sur la terre [84]. Y est contenue aussi *l'élévation* du Christ qui, en passant par la mort de la croix, revient vers ses disciples avec la puissance de l'Esprit Saint *par sa résurrection.*

La sueur et la peine que le travail comporte nécessairement dans la condition présente de l'humanité offrent au chrétien et à tout homme qui est appelé,

81. *Gn* 3, 17.
82. *Gn* 3, 19.
83. *Qo* 2, 11.
84. Cf. *Rm* 5, 19.

lui aussi, à suivre le Christ, la possibilité de participer dans l'amour à l'œuvre que le Christ est venu accomplir [85]. Cette œuvre de salut s'est réalisée par la souffrance et la mort sur la croix. En supportant la peine du travail en union avec le Christ crucifié pour nous, l'homme collabore en quelque manière avec le Fils de Dieu à la rédemption de l'humanité. Il se montre le véritable disciple de Jésus en portant à son tour la croix chaque jour [86] dans l'activité qui est la sienne.

Le Christ, « en acceptant de mourir pour nous tous, pécheurs, nous apprend, par son exemple, que nous devons aussi porter cette croix que la chair et le monde font peser sur les épaules de ceux qui poursuivent la justice et la paix »; en même temps, cependant, « constitué Seigneur *par sa résurrection*, le Christ, à qui tout pouvoir a été donné au ciel et sur la terre, agit désormais dans le cœur des hommes par la puissance de son Esprit..., il purifie et fortifie ces aspirations généreuses par lesquelles la famille humaine cherche à *rendre sa vie plus humaine* et à soumettre à cette fin la terre entière [87] ».

Dans le travail de l'homme, le chrétien retrouve une petite part de la croix du Christ et l'accepte dans l'esprit de rédemption avec lequel le Christ a accepté sa croix pour nous. Dans le travail, grâce à la lumière dont nous pénètre la résurrection du Christ, nous trouvons toujours une *lueur* de la vie nouvelle, du *bien nouveau*, nous trouvons comme une annonce des « cieux nouveaux et de la terre nouvelle [88] »

85. Cf *Jn* 17, 4.
86. Cf. *Lc* 9, 23.
87. Conc. Œcum. Vat. II, const. past. sur l'Église dans le monde de ce temps *Gaudium et spes*, 38: *AAS* 58 (1966), pp. 1055-1056.
88. Cf. *2 P* 3, 13; *Ap* 21, 1.

auxquels participent l'homme et le monde précisément par la peine du travail. Par la peine, et jamais sans elle. D'une part, cela confirme que la croix est indispensable dans la spiritualité du travail; mais, d'autre part, un bien nouveau se révèle dans cette croix qu'est la peine, un bien nouveau qui débute par le travail lui-même, par le travail entendu dans toute sa profondeur et tous ses aspects, et jamais sans lui.

Ce *bien nouveau,* fruit du travail humain, est-il déjà une petite part de cette « terre nouvelle » où habite la justice[89]? Dans quel rapport est-il avec *la résurrection du Christ,* s'il est vrai que les multiples peines du travail de l'homme sont une petite part de la croix du Christ? Le Concile cherche à répondre aussi à cette question en puisant la lumière aux sources mêmes de la parole révélée : « Certes, nous savons bien qu'il ne sert à rien à l'homme de gagner l'univers s'il vient à se perdre lui-même (cf. *Lc 9, 25*). Cependant, l'attente de la terre nouvelle, loin d'affaiblir en nous le souci de cultiver cette terre, doit plutôt le réveiller : le corps de la nouvelle famille humaine y grandit, qui offre déjà quelque ébauche du siècle à venir. C'est pourquoi, s'il faut soigneusement distinguer le progrès terrestre de la croissance du règne du Christ, ce progrès a cependant beaucoup d'importance pour le Royaume de Dieu[90]. »

Dans ces réflexions consacrées au travail de l'homme, nous avons cherché à mettre en relief tout ce qui semblait indispensable, étant donné que, grâce au travail, doivent se multiplier sur la terre non

89. Cf. *2 P* 3, 13.
90. Conc. Œcum. Vat. II, const. past. sur l'Église dans le monde de ce temps *Gaudium et spes,* 39: *AAS* 58 (1966), p. 1057.

seulement « les fruits de notre activité » mais aussi « la dignité de l'homme, la communion fraternelle et la liberté »[91]. Puisse le chrétien qui se tient à l'écoute de la parole du Dieu vivant et qui unit le travail à la prière savoir quelle place son travail tient non seulement dans le *progrès terrestre*, mais aussi dans le *développement du Royaume de Dieu* auquel nous sommes tous appelés par la puissance de l'Esprit Saint et par la parole de l'Évangile!

Au terme de ces réflexions, je suis heureux de vous donner à tous, Frères vénérés, chers Fils et Filles, la Bénédiction Apostolique.

J'avais préparé ce document de manière à le publier le 15 mai dernier, au moment du 90e anniversaire de l'encyclique *Rerum novarum;* mais je n'ai pu le revoir de façon définitive qu'après mon séjour à l'hôpital.

Donné à Castel Gandolfo, le 14 septembre 1981, fête de l'Exaltation de la sainte Croix, en la troisième année de mon pontificat.

91. *Ibid.*

TABLE

I

INTRODUCTION

1. Le travail humain quatre-vingt-dix ans après *Rerum novarum* 17
2. Dans le développement organique de l'action et de l'enseignement social de l'Église 20
3. Le problème du travail, clé de la question sociale 23

II

LE TRAVAIL ET L'HOMME

4. Au livre de la *Genèse* 25
5. Le travail au sens objectif : la technique 28
6. Le travail au sens subjectif : l'homme, sujet du travail 31
7. Une menace contre la véritable hiérarchie des valeurs 34
8. Solidarité des travailleurs 37
9. Travail et dignité de la personne 42
10. Travail et société : famille, nation 45

III

LE CONFLIT ENTRE LE TRAVAIL ET LE CAPITAL DANS LA PHASE ACTUELLE DE L'HISTOIRE

11. Dimensions de ce conflit 48
12. Priorité du travail 52
13. « Économisme » et matérialisme 55
14. Travail et propriété 60
15. Argument personnaliste 65

IV

DROITS DES TRAVAILLEURS

16. Dans le vaste contexte des droits de l'homme . 68
17. Employeur : « indirect » et « direct » 70
18. Le problème de l'emploi 73
19. Salaire et autres prestations sociales 77
20. L'importance des syndicats 81
21. Dignité du travail agricole 85
22. La personne handicapée et le travail 87
23. Le travail et le problème de l'émigration 89

V

ÉLÉMENTS POUR UNE SPIRITUALITÉ DU TRAVAIL

24. Rôle particulier de l'Église 92
25. Le travail comme participation à l'œuvre du Créateur 93
26. Le Christ, l'homme du travail 97
27. Le travail humain à la lumière de la croix et de la résurrection du Christ 101

Cet ouvrage
a été composé
et achevé d'imprimer
le 21 septembre 1981
par l'Imprimerie Floch
53100 – Mayenne.

Dépôt légal : 3ᵉ trimestre 1981.
Nº d'imprimeur : 19301.
Imprimé en France.